Martin Kämpchen

Leben ohne Armut

Martin Kämpchen

Leben ohne Armut

Wie Hilfe wirklich helfen kann – Ein Erfahrungsbericht aus Indien

HERDER

FREIBURG · BASEL · WIEN

Günther Mees und Manfred Plate († 2007)
in dankbarer Erinnerung
an ihre langjährige Förderung und Freundschaft

Inhalt

Vorwort

DIESES BUCH WILL ICH seit vielen Jahren schreiben; schon lange bereite ich mich darauf vor. Seit beinahe vierzig Jahren wohne ich in Indien und werde Tag für Tag mit den Problemen der Armut konfrontiert. In den ersten Jahren war die Auseinandersetzung nicht so hart, weil ich recht beschützt gelebt hatte: dreieinhalb Jahre in einem Hindu-Ashram südlich von Kalkutta und drei Jahre bei Jesuiten in Madras. Doch seit ich 1980 meinen Wohnsitz nach Santiniketan (150 Kilometer nördlich von Kalkutta) verlegt habe, stehe ich im täglichen Austausch mit armen Menschen, und zwar umso intensiver, als ich Bengalisch gelernt habe und ohne sprachliche Vermittlung mit ihnen verkehren kann.

Es dauerte nur zwei oder drei Jahre, bis ich die beiden Stammesdörfer Ghosaldanga und Bishnubati, zehn Kilometer von Santiniketan entfernt, „entdeckte". Dort versuche ich seitdem eine den Menschen achtende, ganzheitliche Hilfe aufzubauen, die eine echte Hilfe zur Selbsthilfe darstellt. Entsprechend diesem Konzept habe ich vor einigen Jahren begonnen, nach und nach die Verantwortung der Dorfarbeit an die Menschen im Dorf und die Angestellten zu übergeben. Ich habe versucht, tragfähige Strukturen der demokratischen und menschenfreundlichen Verwaltung aufzubauen. In diesem Buch komme ich immer wieder auf meinen Versuch, die armen Menschen in Ghosaldanga und Bishnubati zu verstehen und sie helfend zu begleiten, zurück. Doch ist dieses Buch keine

Beschreibung der Entwicklung meiner Arbeit in den Dörfern. Meine Arbeit liefert lediglich das Erfahrungsgut und die Beispiele meiner Charakterisierung der armen Menschen und wie wir Europäer ihnen begegnen können.

Dieses Buch ist ein Erfahrungsbericht. Allerdings will ich das Allgemeingültige und Typische meiner Erfahrungen herausschälen und das Persönliche nicht betonen. Ich zitiere keine Literatur und keine Statistik, ich schreibe nicht in soziologischen oder anthropologischen Kategorien. Denn dies ist keine Studie, sondern das Zeugnis eines lebenslangen Engagements für die Armen aus christlicher Überzeugung. Ich fühle mich von dem Lebensbeispiel *Mahatma Gandhis* (1869–1948) inspiriert, dessen Geist dieses Buch durchdringt. Die Ungerechtigkeitsstrukturen, in denen Arme in Indien und anderswo befangen sind, habe ich nur angedeutet, aber nicht analysiert, weil sie viel zu unterschiedlich sind, als dass sie verallgemeinert werden könnten. Auch die Probleme der wirtschaftlichen und ökologischen Großwetterlage – wie wirtschaftliche Globalisierung, Umwelt- und Klimaschutz – behandle ich nur am Rande. Sie sind mir brennend wichtig, doch wollte ich sie in diesen Erfahrungsbericht nicht einflechten. Es wäre ein anderes Buch geworden.

In drei Schritten, denen ich je ein Kapitel widme, versuche ich, das Thema zu erfassen:

– *Was ist Armut?*

– *Was können wir gegen die Armut tun?*

– *Wie sollen wir uns angesichts der Armut verändern?*

Nachdem ich die komplexe psychologische, gesellschaftliche und wirtschaftliche Situation der armen Menschen beschrieben habe, kommt als nächste Frage, wie wir persönlich und wie Institutionen die armen Menschen helfend begleiten können. Ich verstehe eine solche „Hilfe“ nicht als Einbahnstraße; sie muss auch uns als Helfende und Geber verändern. Das heißt, wir müssen bereit sein, auch von den Armen zu empfangen und anzunehmen. Deren Entwicklung soll auch unsere Entwicklung sein. Mit anderen Worten: Ich sehe die Begleitung der Armen als einen gemeinsamen Prozess. Um diesen Prozess nachzuvollziehen, brauchen wir aber nicht mit den Armen „vor Ort“ in Indien oder in anderen armen Ländern in Kontakt zu kommen. Er ist auch, unter etwas anderen Vorzeichen, in Europa möglich. Armut und Not herrschen auch dort. Zuletzt stelle ich mir die Frage, welche Veränderungen in unserem eigenen Leben – in Europa – notwendig sind, damit wir den Armen in der Welt als gerechte Partner begegnen können. Meine grundsätzliche Antwort lautet: ein Leben der Einfachheit führen. Ausführlich erkläre ich, was ich damit meine.

Dieses Buch enthält keinen Katalog von Ratschlägen oder Vorschriften. Ich will zum gerechten Leben in der einen Welt motivieren, will das Bewusstsein schärfen, indem ich die wesentlichen Tatsachen nenne und die nötigen Fragen aufwerfe. Auf dieser Grundlage müssen alle selbst entscheiden, wie sie ihr Leben gestalten.

Santiniketan, 4. Oktober 2010
Martin Kämpchen

1 Was ist Armut?

Rückkehr nach Indien

Nach zwei Monaten in Deutschland bin ich wieder in Indien eingetroffen. Die Fahrt vom Flughafen Kalkutta zum Bahnhof Howrah in einem zerbeulten *Ambassador*-Taxi dauert eine Stunde. Weiter geht es im Zug nach Santiniketan, meinem Aufenthaltsort seit dreißig Jahren. Im Abteil treffe ich schon Bekannte, die von ihren Sitzen aus zu mir herübergrüßen. Wir rattern an flachem Land vorbei – drei Stunden lang nur die Ebene mit Reisfeldern, verstreut darin einige Dörfer, umgeben von Palmen und Bambusgebüsch. Nur eine größere Stadt liegt an dieser Strecke, keine Fabriken oder Industriekomplexe sind entstanden, keine großen Durchgangsstraßen. In dreißig Jahren hat sich diese Landschaft wenig verändert. Am Bahnhof in Bolpur treffe ich Sunil, der mich mit seiner dreirädrigen Autorikscha ein paar Kilometer weiter nach Santiniketan fährt. In dem Universitätsstädtchen Santiniketan habe ich ein kleines Haus gemietet.

Sunil ist der Erste, dem ich aus Ghosaldanga und Bishnubati begegne. In diesen beiden Dörfern, rund zehn Kilometer von Santiniketan entfernt, habe ich gelernt, was Armut ist. Seit rund fünfundzwanzig Jahren besuche ich sie und arbeite mit ihren Bewohnern zusammen, um gemeinsam für sie eine ganzmenschliche Entwicklung zu gestalten. Es sind schwierige Jahre gewesen, aber erfüllt mit grundlegenden menschlichen Erfahrungen. Ich möchte diese Jahre nicht missen, obwohl ich oft verzweifelt gewesen bin, wenn ich keinen Ausweg aus den vielen Problemen und menschlichen Schwächen wusste, die ich zu überwinden hatte, um den Prozess der Entwicklung weiter zu begleiten und voranzutreiben. Diese Erfahrungen hätte ich jedoch nirgendwo als in diesen Dörfern machen können, in denen zu Beginn nur drei Familien ein Fahrrad besaßen.

In den letzten Jahren habe ich mich mehr und mehr zurückgezogen, um dem Team in der Dorfarbeit, die wir gemeinsam aufgebaut haben, größere Entscheidungsfreiheit und tatsächliche Verantwortung zu überlassen. Auch dieser Ablösungsprozess war nicht einfach für mich. Ich habe gelernt, wie stark die einzelnen Mitarbeiter tatsächlich belastbar und aus eigenem Verantwortungsgefühl zu handeln fähig sind. Gerade nach längerer Abwesenheit entdecke ich, wie viele Entscheidungen aufgeschoben wurden, bis ich wiederkomme, wie viele Tätigkeiten, zu denen sich die jungen Männer und Frauen verpflichtet hatten, unerledigt bleiben, wie viel Konfliktstoff sich unter ihnen angesammelt hat. Die Freude der Rückkehr wurde häufig von dieser Erkenntnis gedämpft.

Anderseits musste ich aber auch erkennen, welche Schritte in die Verantwortung sie gemacht hatten; sie fallen weniger auf als die Schwächen, sind aber umso wichtiger. Beim Ablösungsprozess habe auch ich mich selbst besser kennengelernt. Ich bemerkte, was ich zunächst nicht für möglich gehalten hatte, nämlich dass die Dorfarbeit mich ebenso entscheidend verändert hat wie meine Mitarbeiter und mir, trotz aller Anstrengung, der ich mich entledigen konnte, diese Arbeit mit den Menschen fehlte.

Vor einigen Jahren hatte ich Sunil eine Autorikscha gekauft, als er nach der elften Klasse keinen Fortschritt mehr machte und von der Schule abging. Eine Zeit lang arbeitete er wie früher auf den Feldern der Familie. Aber war es passend, dass ein gebildeter junger Mann nach den Anstrengungen, die er und unsere Dorforganisation machten, damit er es so weit in der Schule bringen konnte, wieder auf den Feldern arbeitete? Schon zwei seiner Brüder gingen hinter dem Pflug. Würden die Felder einen dritten Sohn mit dessen zukünftiger Familie ernähren können? Sunil besuchte die Fahrschule, übte mit Fahrerfreunden, machte schließlich einen Führerschein, worauf ich ihm die Autorikscha kaufen konnte. Inzwischen hat er geheiratet und kann seine Frau und einen kleinen Sohn ernähren. Er hat nie mehr um Hilfe gebeten und fuhr mich heute mit einem gewissen Stolz unentgeltlich vom Bahnhof zu meiner Wohnung.

Santiniketan ist eine Akademikersiedlung, deren Mittelpunkt die von dem Dichter *Rabindranath Tagore* (1861–1941) gegründete Universität *Visva-Bharati* ist. Der Ort besteht fast ausschließlich aus Wohngebieten; nur ein kleiner Markt bedient die Bevölkerung. Wer mehr einkaufen will als Bananen, Reis und Senföl, fährt zu den Geschäften in Bolpur. So bleibt Santiniketan ruhig und ohne das Gedränge, das in anderen Orten Indiens üblich ist. Mein Wohngebiet heißt Purva Palli – „Ost-Gegend“ – und ist eines der frühen Wohngebiete, die schon zu Lebzeiten von Rabindranath Tagore besiedelt worden sind. Damals waren die Grundstücke groß bemessen, und die Universität sorgte dafür, dass sie nicht, in Parzellen zerteilt, verkauft werden konnten. Wenig charakteristisch für Indien, ist jedes Haus von einem großen Garten oder einer Wiese und zahlreichen Bäumen umgeben. Hier haben begüterte Menschen, meist aus Kalkutta, ihre protzigen Häuser errichtet. Sie verdienen in der Woche ihr Geld in Kalkutta und verbringen das Wochenende in Santiniketan. Etwas abseits dieser Häuser haben sie sogenannte *Out-Houses* gebaut. Das sind die bescheidenen Bungalows und Baracken für die Diener, Köche, Wächter und Gärtner und deren Familien. Heutzutage führen nur wenige Hausbesitzer noch einen so umfangreichen Haushalt. Deshalb vermieten sie ihre Dienerwohnungen an Einzelpersonen wie mich.

Ich wohne in einem schon alten Haus mit zwei Zimmern, Bad und Küche. Die zwei entscheidenden Vorteile sind eine breite vergitterte Veranda und ein großes Grundstück vor dem Haus. Darauf wachsen Bäume und Sträucher wild, ohne zu einer Gartenanlage zurechtgestutzt zu sein. Vor zwanzig Jahren war das Grundstück kahl, nur einige dornige Büsche wucherten. Ich ließ darauf Bäume wachsen, die sich selbst säten, und sorgte nur dafür, dass ihnen das Gestrüpp nicht Luft und Licht raubte, und heute wohne ich inmitten eines Hains von Bäumen. Die Nachbarn, habe ich erfahren, nennen es das „Dschungelhaus“, obwohl die verstreut stehenden Bäume nicht den Namen eines „Dschungels" verdienen. In dem Namen drückt sich auch Kritik gegen die wild wachsenden Bäume aus. Mich mit einem gutbürgerlichen Garten zu umgeben entspräche jedoch nicht meiner Lebensweise.

Die Freunde aus den Dörfern haben erfahren, dass ich wieder aus Deutschland zurückgekehrt bin. Einige warten schon im Haus, das Kamal, mein Koch, aufgeschlossen hat. Andere treffen nach meiner Ankunft ein. Diesmal sind es wenige. Gewiss schreckt viele Freunde die heftige Mittagshitze ab, die sich über die Landschaft legt. Es ist Anfang April; seit November kein Tropfen Regen! Das Grün der Bäume ist trocken, der Boden rostbraun, das Gras verdorrt. Ein weiterer Grund wird sein, dass immer weniger Menschen unmittelbar von meiner Hilfe abhängen. Mir ist früh schmerzlich bewusst geworden, dass auch die Armen ihre Vorteile und Nachteile deutlich abwägen. Arme Menschen, die keine Hilfe von mir erwarten, unterhalten nur dann eine regelmäßige Beziehung zu mir, wenn sie sich stark von mir und meiner Arbeit angezogen fühlen. Das sind naturgemäß Ausnahmen. Mich besuchen heute die Senioren unserer Dorfarbeit, also jene Menschen, die mit mir vor fünfundzwanzig Jahren die Arbeit in den beiden Dörfern begonnen haben. Sie zählen sich nicht mehr zu den Armen, sie haben Schul- und Universitätsbildung, sprechen Englisch und beziehen ein bescheiden gutes Gehalt, alle haben ein Haus gebaut, fahren ein Motorrad und gehören zur unteren Mittelklasse. Noch sehen sie in mir ihren Mentor, und mit ihnen als den Verantwortlichen der Entwicklungen im Dorf pflege ich weiterhin einen fast täglichen Austausch.

Wie immer erzähle ich von den Freunden der Dorfarbeit in Deutschland und Österreich, von jenen, die entweder längere Zeit in Ghosaldanga und Bishnubati verbracht haben oder die unsere Senioren in meiner Begleitung in Europa besucht haben. Diesmal verabschieden sich meine Gäste bald. Der drahtige Mann von vierzig Jahren, mit dem ich damals die Arbeit in Ghosaldanga begonnen hatte, Sona Murmu, der auch gekommen ist, sagt es mit treffender Direktheit: „Du bist zurückgekehrt, und wir sind gekommen, um dich zu begrüßen. Was gibt es denn noch!"

Wie ich die Armut „entdeckt" habe

Gopals Geschichte

Während ich mit meinen Freunden zusammensitze, erinnere ich mich daran, wie ich eine Generation früher dieses Dorf Ghosaldanga „entdeckt" habe. Ein „fahrender Sänger", Gopal Baul, war zu mir ins Zimmer gekommen, hatte sich auf den Boden gesetzt und einige Lieder gesungen. Er begleitete sich auf dem einsaitigen Instrument *Ektara* und schlug mit einem Glockenkranz, den er um die Knöchel gebunden hatte, den Takt. Einmal in der Woche erschien er, allmählich lernten wir uns besser kennen. Ich übte mein damals recht kümmerliches Bengalisch mit ihm, und eines Tages lud er mich in sein Dorf ein. Es sei ganz in der Nähe, wir könnten mit dem Fahrrad hinfahren. Bisher war ich jeden Nachmittag, sobald die brennende Sonne milder geworden war, allein in die umliegenden Dörfer geradelt. Beinahe übergangslos hörten die Universitätsgebäude aus Zementmauern und festen Ziegeldächern auf und begannen die Felder und Dörfer. Damals waren die Wege, die aus Santiniketan hinausführten, noch ungeteert und von den schmalen Holzrädern der Ochsenkarren gefurcht. Radfahrer mussten aufpassen, dass die Räder nicht in den Rillen steckenblieben. Sogar in dem Städtchen Santiniketan gab es nur zwei Personenautos – das des Rektors der Universität und eines Professoren-Ehepaares, das kürzlich aus den Vereinigten Staaten zurückgekehrt war. Motorräder hatten den indischen Markt noch nicht erreicht, und sogar Fahrräder sah man selten. Die Dorfbewohner gingen zu Fuß, oft zehn oder zwölf Kilometer, zu den Märkten in Bolpur und kehrten auf demselben Weg abends zurück. Niemand beklagte sich. Wer genug Münzen in der Tasche hatte, ging zur nächsten Bushaltestelle und fuhr mit dem Bus. Gopal aber besaß ein klappriges Fahrrad, und eines Nachmittags fuhren wir zusammen nach Bautijol, seinem Dorf.

Bautijol war ein kleines Hindu-Dorf. Als ich den Hof von Gopals Lehmhütte betrat, war ich erschrocken. Das Stroh auf dem Dach war ausgedünnt und hatte schon löchrige Stellen; in der nächsten Regenzeit würde Wasser durchsickern und weitere Löcher aufreißen. Die Tür zu dem einzigen – fensterlosen und dunklen – Raum war so niedrig, dass man sich bücken musste, um einzutreten. Schloss man die Tür, drang Licht nur durch das lecke Dach hinein. Im beinahe leeren Raum standen nur ein großer Tonkrug, in dem Gopal und seine Frau den Reisvorrat aufbewahrten, um ihn vor Mäusen und Ungeziefer zu schützen, und ein mit einem Kordelgeflecht bespanntes Bett. In einem schon recht zerbeulten und zerkratzten Blechkasten hatte die Familie ihre Winterkleidung – Pullover und dicke Unterhemden und für die Frau einen wollenen Umhang – gelegt. Etwas Geschirr stand in einer Ecke. Die Wände bestanden aus rohem Lehm, etwas feingestrichen, aber ungekalkt, sie waren nackt, ohne Bilder, ohne Dekoration. Eine Leine teilte den Raum von Wand zu Wand – der „Kleiderschrank" der Familie. Darüber hingen alle Kleider – Hemden, Hose, Dhoti, Sari, Unterhemd –, die die Familie besaß, nicht gefaltet und ordentlich ein Kleidungsstück neben dem anderen, sondern achtlos übereinander geworfen, zerknittert und verknüllt. Die Kleider rochen nach Schweiß und Rauch.

Der Lehmhütte vorgebaut war eine Veranda, über die sich auch das Strohdach breitete. An einem Ende der Veranda war ein großes, mit Lehm eingefasstes Loch in den Boden eingelassen, auf dem ein Blechtopf stand. Hier kochte Gopals Frau. Neben dem Herdloch lag verstreut der Brennstoff – Zweige, trockene Blätter, Schalen von Früchten, die Gopals Frau jeden Tag in aller Frühe in der Umgebung des Dorfes zusammenkehrte und, in Säcke gefüllt, auf dem Kopf nach Hause schaffte. Es dauerte Stunden, bis das Brennmaterial gesammelt war, das Kochfeuer in Gang gesetzt wurde, der Reis zu kochen begann und die Mahlzeit bereitstand. Jeden Tag derselbe elementare Vorgang! Der Qualm des Holzfeuers sammelte sich unter dem Dach der niedrigen Veranda, die Frauen atmeten ihn Tag für Tag ein, denn sie hockten unmittelbar vor dem Herdloch, um Blätter und Zweige nachzuschieben. Auf dem kleinen Hof lagen einige Gegenstände herum, noch ein Kordelbett, einige handgedrehte Strohseile, ein paar Bambusstangen, ein Blechtopf, einige Lappen …

Als Gopal und ich an jenem Nachmittag in Bautijol eintrafen, erwartete uns seine Frau, ihren zweiten Sohn auf dem Arm, im Hof. Es gab keine Begrüßung, denn seine Frau hatte ihren Sari über den Kopf gelegt und tief ins Gesicht gezogen. Sie schaute mich kein einziges Mal an. Sie hockte sich ans Ende der Veranda, uns den Rücken zukehrend, um im Herdloch Feuer zu entzünden und Teewasser zu erhitzen. Dann schob sie uns die vollen Teetassen seitwärts zu. Während meines Aufenthalts sprach sie kein Wort. Sie wartete abgewandt, bis wir die Hütte verließen. Gopal richtete einige befehlende Worte an sie, ohne sie anzublicken. Das Verhalten der Frau war typisch für das konservative Klima in einem Hindu-Dorf. Diese Frau hatte in ihrem ganzen Leben nur ihr eigenes Dorf, das einige Kilometer entfernt lag, und Bautijol gesehen. Gäste werden nur von den Männern willkommen geheißen. Sie dürfen ihre Neugier zeigen und tun es auch ungezügelt. Nur zum Schluss murmelte Gopals Frau einige Worte zu ihrem Mann hin: Ich solle wiederkommen.

Das war meine erste Berührung mit der Armut. Später führte mich Gopal durch sein Dorf, ein typisches Straßendorf. Lehmhütten reihten sich an beiden Seiten eines Staubwegs. Eine Breitwand war jeweils der Straße zugewandt, während die Höfe nach hinten lagen. So besaßen die Hütten einen privaten Raum, der vor den Blicken der Allgemeinheit geschützt blieb. Die Menschen trafen sich auf dem Weg, er war wie das große Wohnzimmer des Dorfes. Hier standen die Ochsen und daneben die Karren, die Tiere fraßen aus Trögen, die vor den Lehmwänden angebracht waren, Heu und stierten wiederkäuend vor sich hin. Hier standen die Männer am Abend rauchend herum, einige flickten Netze zum Fischen, andere drehten Seile oder besserten eine Mause- oder Vogelfalle aus. Die Kinder spielten mit kleinen Steinen, Drahtringen oder Stöcken. Gekauftes Spielzeug habe ich nie gesehen. Die Jüngsten rannten nackt umher, die Älteren trugen zerlumpte kurze Hosen oder Hemden, deren Nähte aufgeplatzt waren. Alles sah erdig aus, auch die *Lungis* der Männer. Nur die *Saris* der Frauen waren bunt. Doch sie lebten verborgen in den Höfen und auf der Veranda und kamen nur auf die Straße, um im einzigen kleinen Dorfladen etwas Kerosin für die Lampe zu kaufen.

Die Atmosphäre des Dorfes war keineswegs bedrückend. Im Gegenteil, die Kinder lachten und spielten mit Begeisterung; die Männer unterhielten sich angeregt. Hinter den Hütten wuchsen Bäume mit ausladenden Ästen und Zweigen und schienen die Bewohner zu beschützen. Man hörte die Vögel zwitschern und kollern, Hühner liefen mit ihren Küken über den Weg, geschäftig nach Körnern scharrend. Hunde lagen gähnend ausgestreckt im Staub. Es war ein lebensvolles Bild. Nichts deutete auf Armut, auf Mangel hin.

Bautijol hatte, wie alle Dörfer in der Umgebung, noch keine Elektrizität. Wurde es Abend, putzten die Frauen die Kerosinlampen und entzündeten sie. Nirgendwo gab es mehr als eine Lampe im Haushalt – mehr Licht wäre Verschwendung von teurem Kerosin gewesen. Die Lampe stand in der Mitte des Hofs oder auf der Veranda, und in ihrem spärlichen Schein kochte die Frau die Abendmahlzeit, verrichtete der Mann seine Handarbeiten und erledigten die Söhne und Töchter ihre Hausaufgaben. Bautijol besaß eine oder zwei Wasserpumpen, die sich die zwanzig oder dreißig Haushalte teilten. Es war Frauenarbeit, das Wasser in Tonkrügen in die Hütte zu schleppen. Die Frauen stemmten die vollen, schweren Krüge auf ihre Hüften, ihren Oberkörper weit zur Seite gebeugt, um das Gleichgewicht zu halten. Morgens und abends warteten die Frauen an den Pumpen. Das war die Zeit für Dorftratsch, für die Solidarisierung der Frauen. Ich habe nicht herausfinden können, ob die beiden Pumpen für unterschiedliche Kasten bestimmt waren. Denn über Kastendiskriminierung sprechen die oberen wie die unteren Kasten nur, wenn sie danach gefragt werden und dann ausweichend. Offenbar spüren alle die Ungerechtigkeit dieser Diskriminierung, folgen aber der Tradition, weil die Gesellschaft sie diktiert.

Problematisch wurde die Wasserversorgung im Sommer und während der Regenzeit. Jeden Sommer sank der Grundwasserspiegel dramatisch, und zwar umso tiefer, wenn in der Umgebung wochenlang Dieselpumpen Wasser auf die Felder geschüttet hatten, um die Bewässerung für die zweite Reisernte sicherzustellen. Wenn die Pumpen aus immer tieferen Erdschichten Wasser heraufdrücken mussten, wurde das Wasser sandig und schlammig, und schließlich versiegte es. Dann wurde die Not groß. Das Wasser zum Baden, Waschen, Kochen und Trinken wurde knapp, dann gab es Magenkrankheiten, weil die Menschen verseuchtes Wasser tranken (auf die Idee, es abzukochen, kamen die Menschen nicht; es hätte sie auch zu viel Brennmaterial gekostet). Hautkrankheiten erschienen, weil das Wasser für die Dusche unsauber war. Dann wurde die Armut erbarmungslos sichtbar, kein Kinderlächeln konnte sie verstecken. Alle Menschen erwarteten mit Sehnsucht die Regenzeit. Erst wenn der Regen heftig auf den trockenen, verkarsteten Boden stürzte, atmeten Mensch und Natur auf. Innerhalb weniger Tage wucherte Grünes aus der Erde. Aber damit war die Not nicht vorbei. Zwar hob sich der Grundwasserspiegel langsam, doch das Wasser des Monsuns ist gefährlich zum Trinken, weil die Erde es noch nicht genügend filtern konnte. Selten fällt der Regen ausgeglichen. Der Himmel schenkt den Regen oft üppig und überschwemmt die Felder oder aber geizig, so dass die Aussaat zu vertrocknen droht. Jedes Jahr bangten die Bauern um das rechte Maß an Regen, sie bangten von der Aussaat bis zur Ernte. Erst wenn sie die Reisgarben schneiden und auf Ochsenkarren ins Haus fuhren, waren sie erleichtert. Danach konnte nicht mehr viel Unheil passieren.

Gopal besaß weder ein Gespann Ochsen noch einen Ochsenkarren; seine Familie hielt nur ein paar Ziegen und einige Hühner. Die Dorfbewohner bewerten den Besitz eines Ochsenpaars und eines Karren als Zeichen von bescheidenem Wohlstand. Neben Gopals Hütte stand auch keine Toilette. Das galt allerdings nicht als Zeichen von Armut, denn im Dorf Bautijol hatte keine einzige Familie eine Toilette gebaut. Warum für viel Geld eine Toilette bauen, wenn es Büsche gab, hinter denen man die Notdurft verrichten kann? Die bessergestellten Bauern besaßen auf den eigenen Feldern eine Ecke mit einem Tümpel und einigen Büschen und Bäumen. Dorthin wanderten morgens die Familienmitglieder eines nach dem anderen. Die Frauen als Erste, oft noch vor der Dämmerung, damit niemand sie sehen konnte, wenn sie sich hinhockten. Danach gingen die Menschen an den Rand des Tümpels, um sich zu säubern.

Gopal lud mich häufig ins Dorf ein, und ich saß gern auf der Veranda und sprach mit ihm und den Nachbarn, die mit Kleinkindern im Arm um mich herumstanden und beobachteten, wie ich mich mit Gopal unterhielt. Das schien genug, um sie zu fesseln. Manchmal tuschelten sie untereinander und fielen wieder in ein anhaltendes Betrachten. Die älteren Kinder drückten sich an die Beine der Männer, hielten deren Lungi fest, unschlüssig, ob sie zufassen sollten oder nicht, wenn ich die Hand nach ihnen ausstreckte.

Eine neue Hütte für Gopal

Nach über einem Jahr gab ich dem Druck nach, der in mir entstanden war. Ich kaufte Gopal ein kleines Stück Land, auf dem er eine geräumige Hütte mit zwei Zimmern baute. Er suchte sich das Grundstück selbst aus. Am Rand von Bautijol war kein Grundstück zu haben, oder vielleicht schienen sie ihm zu teuer. Darum zog er es vor, ein Stück Land am Rand des Nachbardorfs zu kaufen. Dieses Dorf heißt Ghosaldanga, in ihm wohnen Menschen des Santal-Stammes. Die Santals sind ein großer Ureinwohnerstamm, der in West-Bengalen, also in unserer Provinz, und in den Nachbarprovinzen Bihar, Jharkhand, Orissa und sogar in Bangladesh verbreitet ist. Santals sind keine Hindus, wie Gopal, sondern sie folgen ihrer Stammesreligion.

Das Grundstück war von bescheidenem Umfang, aber es war schön gelegen, in der Nähe eines Bewässerungskanals, umgeben von Bäumen und Büschen. Gopal fasste den Hof mit einer Lehmmauer ein, die in Bautijol gefehlt hatte. Eine Wasserpumpe und sogar eine Toilette gehörten zu dem kleinen Anwesen, das keineswegs prachtvoll, sondern schlicht und dörflich aussah. Die Familie war glücklich, sie zog um und erfüllte die Hütte mit ihrem Leben.

Bei jedem Besuch in Gopals erbärmlicher Hütte hatte ich mir vorgestellt, mit welch geringen finanziellen Mitteln ich dieser Familie, die mich stets aufmerksam als Gast aufgenommen hatte, ein wesentlich wertvolleres Leben geben könnte. Gopal hatte nie von einer Verbesserung gesprochen oder sie gar gefordert. Er lebte das Leben, wie er es kannte, ohne den Drang nach einer wesentlichen Veränderung. Ich träumte aber davon, das Leben einer armen Familie zu verwandeln. Deutlich war es der Wunsch eines Europäers, dem es wichtig war, selbst in Würde, umgeben von den einfachen, wesentlichen Notwendigkeiten, zu leben und der dieses Ziel ebenso für seine Freunde, etwa für Gopal und dessen Familie, anstrebte.

Als ich begann, mit Gopal über meine Ideen zu sprechen, ging er zunächst zögernd, dann immer bereitwilliger auf meinen Vorschlag ein. Ich spürte, wie sich seine mentale Landschaft veränderte. Bisher gab es für ihn nur ein Heute und Morgen, und alle Tage sahen ähnlich aus. Jetzt füllten sich sein Morgen und Übermorgen mit Möglichkeiten, mit Verheißungen, aber auch Verbindlichkeiten. Er wurde aufgeregt, so hatte ich ihn bisher nicht erlebt, und in diese Erregung mischte sich einerseits Furcht vor dem Neuen, aber auch Freude – oder schon Gier? – nach dem Neuen. Was er sich wahrscheinlich noch nicht vorstellen konnte, war, dass dieses Neue nicht nur einfach kommen und sein Leben leichter und sicherer machen würde, sondern unweigerlich ihn selbst auch verändern musste.

Besitz bringt Mühe, Pflichten, Ansprüche mit sich, die er vorher nicht gekannt hatte. Seine geistige Lethargie, die von außen wie Ausgeglichenheit und innere Ruhe aussehen mochte, würde gestört werden. War er dazu bereit?

Gopals Entscheidung, seine Lehmhütte neben einem Santal-Dorf zu bauen, war ungewöhnlich. Gerade die Armen fühlen sich unter Ihresgleichen am wohlsten. Sie brauchen eine Gemeinschaft, die ähnlich lebt wie sie. Mit Hilfe der Gruppe erhalten sie ein Gefühl der Stärke, das sie als Einzelne nicht besitzen, auf das sie aber als Gegengewicht zu ihrer Armut angewiesen sind. Die Gruppe gibt ihnen das notwendige Selbstwertgefühl. Gopal, der Hindu, aber entschloss sich, bei Santals zu wohnen. Neben ihrem Dorf seine Hütte zu bauen hieß, er war bereit, mit den Santals Gemeinschaft zu pflegen. Gopal gehörte einer niederen Kaste an und hatte darum einen ähnlichen sozialen Status wie die Santals, die die Konvention unterhalb des Kastensystems ansiedelt. Die Santals von Ghosaldanga und Gopal hatten auch einen ähnlichen wirtschaftlichen Status, sie waren arm und schulisch ungebildet. Und trotzdem: Gopal war ein Hindu, sie aber Santals. Hindus wohnen im Allgemeinen nicht in Santal-Dörfern. Gopals aus eigenen Stücken getroffene Entscheidung war darum geradezu revolutionär; sie machte mir Freude.

Ich besuchte Gopal mehrmals in seinem neuen Heim und blieb sogar über Nacht, weil es jetzt genügend Platz zum Schlafen gab. Natürlich schlief ich nicht allein im Zimmer oder, in der heißen Jahreszeit, auf der Veranda. Das Gemeinschaftsgefühl der Armen fordert vom Gastgeber, den Gast auch nachts nicht allein zu lassen. Gopal ließ Frau und Kinder allein und verbrachte die Nacht auf einer Matte neben meiner Matte. Ich entdeckte, dass das Leben in den Dörfern abends eine andere Qualität besaß als tagsüber. Während des Tages arbeiteten die Bauern auf den Feldern und kehrten erst am Nachmittag zurück. Die Ochsen und Ziegen weideten an den Wegen und in den Hainen, gehütet von den Jungen und Mädchen des Dorfes. Oft waren das idyllische Anblicke. Und wenn die Tiere in der Abenddämmerung ins Dorf getrieben wurden und dann das vorgeworfene Heu gemächlich mampften, wenn sich die Männer im Kreis setzten, um sich Biris, kleine Zigarillos, rauchend zu unterhalten, wenn die Frauen daneben am offenen Feuer die dampfenden Kochtöpfe bewachten, dann wirkten diese abendlichen Szenen für einen Europäer wie stimmungsvolle Lagerfeuer-Romantik. Tatsächlich, der innere Frieden solcher Stunden ist greifbar und wirklich.

Durch Gopal lernte ich im Santal-Dorf Ghosaldanga eine Familie nach der anderen kennen, zuerst die unmittelbaren Nachbarn, dann deren Nachbarn. Manchmal nahm ich eine Einladung an, bei einer Familie des Dorfes zu essen und zu übernachten. Ich wurde auch im Dorf niemals allein gelassen. Ich aß, auf dem Erdboden sitzend, dieselbe Nahrung wie meine Gastgeber und trank ihr Wasser. Ich trug, wenn ich im Dorf war, dieselben leichten, einfachen Kleider. Ich schlief auf einer geflochtenen Strohmatte, so wie sie – und schlief gut inmitten der Geräusche der Natur. Und da ich mir nicht anmerken ließ, dass ich anders als sie aufgewachsen war und anderes als sie gewöhnt war, begegneten sie mir in aller Einfachheit wie Ihresgleichen.

Sie wussten, dass ich nicht auf den Feldern arbeitete oder durch Handarbeit mein Einkommen verdiente. Mit einer gewissen launischen Fröhlichkeit sagten sie, dass ich „im Sitzen esse“. Das ist ein typischer Ausdruck armer Bauern. Er bedeutet, dass ich bei der Arbeit nicht stehe und mich körperlich abmühe, wie Bauern und Handwerker, sondern mich (vor meinen Schreibtisch) hinsetzen kann, um zu arbeiten und mit dem Verdienst dieser Arbeit „esse“, das heißt meinen Lebensunterhalt verdiene. Das ist ein Privileg der „besseren Gesellschaft“ in den Städten, die im Büro unter einem Propeller sitzend ihr Geld verdient, anstatt wie die Bauern unter der brennenden Sonne zu arbeiten. In der Armut sind die Bedürfnisse – wie auch die Zufriedenheit des Lebens – auf „Essen“, den gefüllten Bauch, beschränkt.

Die einfache Denkweise der Dorfmentalität fand ich erfrischend. In der gebildeten Gesellschaft von Santiniketan trug ich das gesamte Gepäck meiner Nationalität, meiner Hautfarbe, meiner Kultur, meiner europäischen Bildung – meines Andersseins – mit mir. Kaum jemandem gelang es, mir als dem Individuum zu begegnen, das ich war. Das sage ich nicht vorwurfsvoll, denn Bildung behindert die Direktheit des Blicks auf die Menschen. Stattdessen gibt Bildung unserem Wissen von den Menschen einen reichen Kontext, den in den Dörfern niemand besitzen kann. So paradox es also klingt, ich fühlte mich unter den einfachen Menschen in Ghosaldanga tiefer angenommen und besser gesellschaftlich integriert als unter den Gebildeten mit ihren hundert Vorurteilen, Vorbehalten sowie Einsichten in mein Leben.

Sona, der erste Junge mit Schulbildung

Später begegnete ich Sona Murmu. Er war ein magerer Mensch mit einem intensiven Gesichtsausdruck, seine schmalen Finger konnten kräftig zugreifen. Ein Bündel an Energie und voll innerer Spannungen, verkörperte er das Gegenteil des lethargischen und lockeren Menschentyps in den Santal-Dörfern. War das einer der Gründe, weshalb Sona – ohne Hilfe – die staatliche Schule bis zur zehnten Klasse durchlief? Er war der erste Junge in Ghosaldanga, dem das gelungen war. Alle anderen Kinder, Jungen und Mädchen, waren vorher abgesprungen. Sie besuchten die überfüllten Klassen der Schule, verstanden den Lehrer nicht, der sich mühsam Gehör verschaffen musste. In ihren Familien konnten sie nicht über ihre Verständnisprobleme sprechen, weil die Eltern nie die Schule besucht hatten. Allein gelassen, konnten die Kinder ihre Hausaufgaben nicht schreiben, gingen darum furchtsam am nächsten Morgen zur Schule und bekamen den Stock des Lehrers zu spüren, wenn sie ihm keine Antworten geben konnten. Die Folge war, dass sie die Schule schwänzten und bald ganz fernblieben.

Wie früher hüteten sie ihre Ziegen, Lämmer oder schwarzen Schweine. Die Eltern ermahnten ihre Kinder nicht, die Schule zu besuchen, weil sie den Wert der Bildung für deren späteres Leben nicht einsehen konnten. In Santal-Dörfern ist die Situation der Schulgänger noch gravierender, weil die Unterrichtssprache Bengalisch nicht die Muttersprache der Kinder ist; zu Hause sprechen alle die Sprache ihres Stammes, Santali. Vom ersten Schultag an sollen sich die Sechsjährigen in einer unbekannten Sprache ausdrücken. Eine geradezu unüberwindbare kulturelle Kluft!

Diese Hindernisse hatte Sona mit seiner ihm eigenen Hartnäckigkeit gemeistert. Die letzten Schuljahre verbrachte Sona in einem einige Kilometer entfernten Schülerheim. Als wir uns trafen, war er gerade, nach bestandenem Schulabschluss, nach Hause zurückgekehrt. Rasch freundeten wir uns an. Zum ersten Mal begegnete ich einem Menschen aus dem Milieu der Armen, der über seine eigene Situation reflektieren konnte und von dem Wunsch gepackt war, der Armut zu entkommen. Eines war ihm schon damals genau bewusst: dass man die Armut nur mit Hilfe von Schulbildung überwinden konnte. Entgegen dem Wunsch seines Vaters wollte er das College in Bolpur besuchen. Denn ein College-Abschluss würde ihm eine Anstellung bei der Regierung verschaffen. Nicht nur das, er würde ihn dazu befähigen, in der Gesellschaft außerhalb seines Santal-Dorfes Gehör zu bekommen und die praktischen Aufgaben des Lebens außerhalb von Dorf und Landwirtschaft zu bewältigen.

Sein Vater sagte jedoch: „Du hast lang genug auf der Schulbank gesessen, jetzt geh aufs Feld und hilf uns, das tägliche Essen zu verdienen." Der Vater, der nie eine Schule besucht hatte, verstand nicht, dass sich durch Bildung seinem Sohn später bessere Verdienstmöglichkeiten eröffneten. Er verstand nur, dass eine zusätzliche Arbeitskraft auf dem Feld in diesem Moment der Familie einen größeren Wohlstand bringen und ihn entlasten würde. Sona setzte sich durch und ging aufs College.[1]

---

1 Sonas Geschichte erzähle ich in dem Roman *Das Geheimnis des Flötenspielers*. Peter Hammer Verlag, Wuppertal (2. Aufl.) 2000.

Sonas Anwesenheit im Dorf gab mir die Gelegenheit, immer tiefer in die Gesellschaft von Ghosaldanga hineinzuwachsen. Bald kannte ich alle Familien und erhielt zwanglos Eintritt in jeden Hof. Sie zeigten keine übertriebene Gastlichkeit, sondern schoben mir einen kleinen Hocker zu, stellten ein paar Fragen auf Bengalisch, während sie mit ihren Beschäftigungen fortfuhren. Unweigerlich gab es ein Glas heißgemachtes Reisbier, das jede Familie selbst braut. Lalon, einer der Bauern, baute mir auf seinem Grundstück hinter dem Dorf eine kleine Lehmhütte, die unter den mächtigen Bambusstauden in der Umgebung beinahe versank. Darin solle ich übernachten, bot Lalon an. Ich begann in Sonas Familie abends mitzuessen. Seine Familie war groß – er war der zweitälteste von sechs Brüdern. Diese häufigen Besuche waren mein Unterricht, was Armut ist.

Die erfüllende Vielfalt des Dorflebens

Zwei unterschiedliche Aspekte des Dorflebens lernte ich immer differenzierter kennen: die beeindruckende Vielfalt des armen Lebens im Dorf und dessen komplexe Schwierigkeiten. Die Vielfalt fällt als Erstes auf. Wenn Gäste aus dem Ausland in unsere Dörfer kommen, sind sie – wie ich es zu Anfang war – fasziniert von der einfachen, pastoralen – idyllischen – Fülle dieses Lebens. Hier leben einige Dutzend Familien in einer großen lockeren Gemeinschaft zusammen. Die Menschen sind nie allein, sie fühlen sich wohl selten einsam, vielmehr leben sie in einer fortwährenden informellen Kommunikation miteinander, umgeben von ihren vielen Haustieren, umgeben von Büschen und Bäumen, von ihren Feldern und deren Pflanzen, umgeben von Sonne und Mond, dem Licht und dem Dunkel, der Hitze und der Kälte, dem Regen und der Trockenheit in einer radikalen, aber organischen Weise. Die Menschen fordern die Härten und die Schönheiten der Natur nicht heraus, wie etwa Bergsteiger und Segler, sondern sie leben in ihnen bedingungslos, weil sie sich nichts anderes vorstellen können und weil ihr Lebensunterhalt von der Natur abhängt. Dieses arme Leben hat in seiner Körperlichkeit, seiner Lebensunmittelbarkeit und Naturhaftigkeit eine tiefe Bedeutung, mehr noch: es besitzt Heilkräfte.

Wir Europäer fühlen uns davon angezogen, weil wir darin das verlorene Paradies, den Ruf, zur Natur zurückzukehren, die Schönheit und das Edle des Wilden (im Menschen und in der Natur) spüren. Auch wenn wir alle romantische Sehnsuchtsidealisierung abziehen, bleibt noch ein Rest übrig, von dem wir sagen können: So möchte ich gern leben!

In den städtischen Slums wird ein solcher Eindruck freilich nicht entstehen, gewiss auch nicht in manchen Dörfern, die unter der Härte der Natur leiden, etwa weil kein Wasser, sei es aus der Erde gepumpt oder in Teichen, in der Nähe erreichbar ist und weil keine Bäume und Büsche im Dorf wachsen. Oder die Männer und Frauen schuften in staubigen, ungesunden Ziegeleien und Steinbrüchen oder auf Bauplätzen.

Was gehört zu einem erfüllten Leben im Dorf? Eine geglückte Integration mit der Familie, das heißt sowohl mit der Ehefrau und den Kindern wie auch mit der Großfamilie; eine Integration mit der Dorfgemeinschaft und den anderen Gemeinschaften, denen man angehört. Notwendig sind ebenso eine befriedigende Arbeit, die die Grundbedürfnisse erfüllt und gleichzeitig sinnvoll erscheint, und ein Bezug zur Transzendenz, sei es durch Ritus, Gebet, Verehrung oder Symbole.

Während ich immer wieder zu Sonas Familie zurückkehrte, entstand dieser Eindruck eines erfüllten Lebens. Die Familie besaß genügend Felder, um sich zu ernähren. Sein Vater und seine Mutter waren zwar Analphabeten wie alle Erwachsenen im Dorf. Aber als tüchtiger Bauer kannte der Vater genau die Zyklen der Natur und der traditionellen Landwirtschaft. Die Mutter war eine hervorragende Mutter und Hausfrau, die sechs Söhne großgezogen hatte. Man spürte ihre tägliche schweigende Aufopferung für das Familienwohl. Die Eltern waren also keineswegs „ungebildet", sie besaßen Talente und präzise Kenntnisse. Alle Söhne waren in die Familie eingebunden, nahmen in irgendeiner Form an der Landwirtschaft und an den Aufgaben im Haushalt teil. Sona zum Beispiel, der körperlich nicht stark genug war, um hinter einem Pflug das Ochsenpaar zu führen, sah ich häufig, wie er abends den Ochsen gehäckseltes Stroh verfütterte. Vor allem lebte die ganze Familie noch rund um *ein* Kochfeuer, obwohl zwei Brüder schon verheiratet waren. Häufig geschieht es, dass die Familieneinigkeit zerbricht, wenn die Brüder heiraten und sich die Schwiegertöchter der Mutter und den Schwestern unterordnen müssen. Dann spalten sich die Neuverheirateten ab und kochen für sich und betreiben ihren kleinen Haushalt innerhalb des bisherigen. Felder und anderer Besitz müssen geteilt werden, was eine Ursache ständiger Spannungen ist.

Allen Brüdern wurde die Gelegenheit angeboten, die Grundschule zu besuchen. Im Dorf war Sonas Vater als einer der Älteren und Wohlhabenden geachtet und wurde bei Disputen hinzugezogen. Doch stach der Wohlstand von Sonas Familie nicht ins Auge, er isolierte sie nicht von den anderen Familien. Wie alle Familien im Dorf aßen die Mitglieder von Sonas Familie auf dem Boden, denn das Dorfleben kannte weder Stühle noch Tische. Ihr Wohlstand erschöpfte sich in drei oder vier Ochsen in einem Stall und in einigen in der Nähe eines Bewässerungskanals gelegenen ertragreichen Feldern. Später kaufte die Familie als Erste im Dorf eine Pumpe mit Dieselmotor, um Wasser auf die Felder zu leiten.

Zweifellos, das Leben in Ghosaldanga erweckte den Eindruck einer erfüllenden Vielfalt. Es gab Arbeit und genügend Muße am Abend, es gab Reisbier und gesunden Schlaf. Die meisten Familien lebten gemeinsam und sorgten für die Kinder wie für die Alten. Auf den Wegen und in den Höfen sah man fröhliche, spielende Kinder. Die Menschen lebten ein volles Leben, denn Liebe und Distanz, Anstrengung und Freude, Trauer und Feiern hatten darin Platz. Die Hochzeiten, das Erntedankfest im Januar, das Frühlingsfest im März, Hochzeiten oder die Feiern nach dem Tod eines Dorfbewohners dauerten oft vier oder fünf Tage. Die Menschen hatten Zeit und ließen sich nicht drängen. Ich war bewegt von der Lebensfreude und der Energie, die sich in den Festen der Stammes- oder Hindu-Dörfer ausdrückten. Hindus sangen nächtelang die Litaneien auf Gott Krishna, Santals führten die Tänze beim „Baha“, dem Santal-Frühlingsfest, mit einer so überschwänglichen Ausdauer auf, dass ich oft staunte, welche Kraft und welche Seelenstärke in diesen Menschen lebt. Im Einerlei des Alltags werden sie selten offenbar. Oft habe ich mir gewünscht, dass diese erdige, rhythmische Eindringlichkeit der Tänze in das Alltagsleben der Santals fließen möge und Mut und Ausdauer für Innovationen hervorbrächte. Doch entbehrt dieser Wunsch einer natürlichen Logik. Diese Energie der Tänze entsteht als Ausgleich für die Lasten des Alltags, diese Energie braucht den Abstand zum Alltag und kann nicht von ihm vereinnahmt werden.

Die Feste und die religiösen Riten, die oft viel Zeit und bedenklich viel Geld kosten, lassen sich die Armen nicht nehmen. Auf sie verzichten sie erst, wenn sie Hunger und Not dazu treibt. Eher sparen sie an ausreichender Nahrung, bevor sie ihre Riten und Feste vernachlässigen. Denn ihr Leben kommt nicht durch materiellen Mangel, nicht einmal durch Krankheiten in eine existenzielle Unordnung, wohl aber wenn die höheren Mächte – die Gottheiten, Geister und die Natur – nicht mit ihnen in Harmonie kooperieren. Die Beziehung zur Natur, zu der Festekultur und zu dem damit verbundenen Ritus stellt zunächst eine Grundharmonie her, bevor die Menschen die praktische Bewältigung des Alltags anpacken. Die Mentalität der Armen ist zutiefst konservativ.

Dass Fest und Ritus eine so überwältigende Bedeutung haben, gibt uns Menschen in Europa zu denken. Sind wir Menschen in Europa vielleicht weniger erfüllt, weil wir uns kaum Zeit zum Feiern, für den Ritus und für die Muße lassen, keine innere Beziehung mehr zur Natur kennen, weil unsere Familien nicht zusammenbleiben, sondern sich zerstreuen, weil wir die alten Menschen ausgrenzen?

Auf den zweiten Blick: die bedrückende Seite der Armut

Das ausgezehrte, leidende Gesicht der Armut offenbart sich nur zögernd. Die Menschen vermögen ihr Leben im Gleichgewicht zu halten, solange sie Arbeit haben, jung, kräftig und gesund sind und keine familiären Katastrophen erleiden. Fehlt aber eines dieser Elemente, können sie unversehens in Not und Leid stürzen. Erwachsene, die keine oder nur einige Felder besitzen, müssen, wenn ihre eigene Feldarbeit getan ist, bei Großbauern in den Nachbardörfern zum Tageslohn arbeiten. Was passiert, wenn sie keine Arbeit finden? Geldrücklagen haben sie keine. Sie gehen von einem Bauern zum anderen, doch niemand kann ihnen Arbeit anbieten. Ihre Reisvorräte schwinden. Sie gehen zum Laden nach Shattor, dem übernächsten Dorf, und kaufen auf Kredit Reis und Gemüse, Speiseöl und Zucker, Gewürze und Kerosin. Der Ladenbesitzer geht darauf ein, weil er weiß, dass sein Geschäft nur läuft, wenn er Kredit gewährt. Die Mehrzahl der Dorfbewohner kauft auf Kredit und bezahlt einmal im Monat die Schulden.

Was aber geschieht, wenn der Arbeitslose mehr als 500 Rupien schuldet und sie am Monatsanfang nicht begleicht? Der Ladenbesitzer besteht darauf: Zuerst die Schulden zurück, dann bekommst du wieder Reis! Er wird zum Nachbarn oder einem Onkel gehen und ihn um Geld bitten, dann ihn anflehen. Vielleicht ist er auch zu stolz dazu. Besitzt er etwas, das sich verkaufen lässt? Die Ohrringe oder die Halskette seiner Frau, die sie zur Hochzeit getragen hat? Ein schmaler versilberter Ring, den ihm sein

Schwiegervater zur Hochzeit geschenkt hat? Seine Uhr? Oder sollte er vielleicht ernsthafter nach Arbeit suchen, in entfernten Dörfern und in der nächsten Kleinstadt? Sollte er vielleicht in die Großstadt ziehen, nach Kalkutta? Es heißt, da sei immer Arbeit zu finden …

Das seit der Kindheit geführte Leben, das sich ein armer Mensch nicht anders vorstellen kann, gerät ins Wanken. Was er ohne nachzudenken als sicher, als unverrückbar gehalten hat, wird nun unsicher und veränderlich. Für den Armen zerbricht eine Welt, er gerät in existenzielle Not. Arme haben keine Fantasie, mit deren Hilfe sie sich Wege aus der Not zurechtlegen und dann diese Wege beschreiten können. Dieser Mangel an Fantasie, an geistiger Beweglichkeit, ist Teil ihrer Armut. Sie erstarren geradezu in diesem Zustand der Not. Ohne ihre tägliche Arbeit, die ihren Lebensrhythmus darstellt, fühlen sie sich aus der Bahn geworfen. Arbeit ist für sie in einer viel tieferen Bedeutung Lebenssinn als für wohlhabendere Menschen, etwa Angestellte, die arbeiten, um jedes Wochenende Freizeit zu genießen. Für die Armen bedeutet Freizeit meist die wohlige Erschöpfung nach der täglichen Arbeit, das Warten auf Arbeit, Festefeiern.

In der engen Familien- und Dorfgemeinschaft wird ein Mensch, der so in Not gerät, nur eine Zeit lang ein soziales Netz finden, das ihn auffängt. Ein arbeitsfähiger Mann, der mitsamt seiner Familie in Not gerät, wird sich nicht fortwährend auf die Barmherzigkeit der Familie werfen können. Das würde bald Zank auslösen. Denn die Armen, die zu erstaunlichen Opfern für die Familie bereit sind, haben naturgemäß nur begrenzte Möglichkeiten, großzügig zu sein.

Mangelernährung und Krankheit

Mangelernährung entdeckt nur der geübte Blick eines Mediziners. Viele Kinder, die auf den Wegen lachen und spielen, auf den Feldern Ziegen und Ochsen hüten und dabei rührend auf ihrer Bambusflöte spielen, sind unterernährt. Sie entwickeln sich körperlich langsam, werden anfällig für Krankheiten und können später nicht die Energie entfalten, die sie als Erwachsene brauchen. Sie bleiben auch geistig zurück, wenn das Gehirn viele Jahre lang nicht genügend Nahrung erhält. Diese Kinder sind mangelhafte Schüler und versagen bei den Herausforderungen des täglichen Lebens. Von Kind an werden sie die „Verlierer" der Gesellschaft. Denn die Defizite in der Ernährung werden sie später als Jugendliche und Erwachsene nicht aufholen können. Sie ermüden rasch, haben eine langsame Auffassungsgabe und werden apathisch; sie altern zu früh und sind schon mit vierzig Jahren gebrechlich und untätig. Was kennzeichnet das Leben einer armen Großfamilie? Mir erscheint es als eine lange Kette von wechselnden Erkrankungen. Die Familie strauchelt von Krankheit zu Krankheit und kann sich von dem erstickenden Gefühl der Hinfälligkeit kaum jemals erholen.

Menschen, die, durch Mangelernährung geschwächt, ins Erwachsenenleben eintreten, geraten in jenen Teufelskreis der Armut, den sie nur schwer verlassen können: Sie sind unfähig, mit anderen Menschen zu konkurrieren, sowohl am Arbeitsplatz als auch im öffentlichen Leben. Erschöpfung, frühes Altern, Krankheiten, verbunden mit einem stummen Fatalismus, der sich zum Beispiel in Alkoholismus ausdrückt, zehren sie aus und führen zu einem frühen Tod. Den Krankheiten, auch den alltäglichen, sind die Menschen auf radikalere Weise ausgeliefert als wir in Europa. Menschen, die wegen einer allgemein schwachen Konstitution keine Resistenz gegen Krankheiten aufbauen, brauchen lange Zeit bis zur Genesung. Jeden Winter erkälten sie sich, sie werden chronisch magenkrank oder leiden lebenslang an zu niedrigem Blutdruck.

Aus zwei Gründen sind selbst leichte Krankheiten bei den Armen schwerwiegend: Erstens, sie haben kein Geld für teure Medikamente; zweitens, sie haben kein vernünftiges Verhältnis zu den Bedürfnissen ihres Körpers.

Der *Gang zum Arzt* ist für arme, analphabetische Dorfbewohner immer problematisch. Im Allgemeinen kommen die Ärzte nicht ins Dorf, die Patienten müssen sie in der nächsten Stadt aufsuchen. Die Ärzte scheuen es, nach Jahren der Ausbildung in den Großstädten, nach der Gewöhnung an einen hohen Lebensstandard, dort zu arbeiten, wo jede Infrastruktur, jeder Komfort, jede Zerstreuung fehlt. Für die Dorfbewohner, besonders für die Kranken, besitzt die Stadt aber stets etwas Fremdes und Bedrohliches. Sie müssen sich überwinden, in die Stadt zu fahren. Sie werden zuerst in ihrer vertrauten Umgebung nach Hilfe suchen. Das heißt, sie suchen Quacksalber im eigenen Dorf oder in Nachbardörfern auf, die die Lebenssituation der Armen kennen, also persönlicher auf die Kranken eingehen können, die auch dieselbe Sprache sprechen, nicht die mit Englisch und Hindi durchsetzte „gebildete" Sprache der Stadtleute. Diese Basis ist den Kranken und ihren Angehörigen wichtiger als eine kompetente Behandlung. Was „kompetent" und was nicht kompetent ist, können die Armen ohnehin nicht einschätzen.

Es ist eine Eigenschaft ihrer Armut, dass sie keine Maßstäbe besitzen, in diesen Situationen des praktischen Lebens eine informierte Unterscheidung zu treffen. Darum handeln sie emotional nach dem Augenschein, nach dem Hörensagen, folgen Gerüchten, ohne zu überprüfen, woher diese Meinungen kommen und worauf sie basieren. Die Quacksalber werden eine aufbauende Spritze geben, die den Kranken zunächst merklich hilft, ohne die Ursachen der Krankheit zu bekämpfen. Der spontane Erfolg der „Behandlung" gibt den Kranken das Gefühl, dass sie in guten Händen sind und die „Behandlung" anschlägt. So werden sie von dem Quacksalber abhängig, der die emotionale Schwächung der Patienten ausnutzt.

Santals bevorzugen den *Ojha*, den Medizinmann ihres Stammes. Früher haben diese Männer womöglich über echte Heilerfahrungen verfügt, die sie aus dem traditionellen Gebrauch von Heilpflanzen und den Kräften der Natur gewonnen haben. Doch heute beschränkt sich die Tätigkeit der Medizinmänner leider meist auf Opferriten und finanzielle Ausbeutung. Sie verrichten ein paar magische Rituale, um die „bösen Geister" zu beschwichtigen, und fordern als Lohn ein Huhn oder eine Ziege. Auch die *Ojhas* verstehen es, die Kranken von sich abhängig zu machen, indem sie Bußübungen oder Heilanwendungen verschreiben und sagen: „Komm nächste Woche wieder." Unterschwellig drohen sie mit den bösen Geistern, die sie nicht bändigen könnten, wenn die Patienten und ihre Familien die Anordnungen nicht genau befolgten. Viele Santals halten an den *Ojhas* fest, auch wenn es ihnen schon sehr schlecht geht.

Kürzlich hatte sich in Bishnubati eine junge Frau schwer verbrannt. Als sie sich am Abend der Kerosinlampe näherte, war ihr Sari in Brand geraten. Die Mutter und der Ehemann riefen den *Ojha,* der die verletzten Beine mit Lehm bestrich. So lag sie mehrere Tage wimmernd in der dunklen Hütte. Unser medizinisches Team besuchte die Familie. Die jungen Leute versprachen jede mögliche Hilfe. Aber den Glauben an den Medizinmann konnten sie nicht brechen. Erst als das Mädchen immer schwächer wurde, erlaubte die Mutter, dass die Beine gesäubert wurden, das stinkende, faule Fleisch, das schon von Maden befallen war, zu entfernen und die Wunden fachgerecht zu behandeln. Inzwischen kann die Frau wieder laufen und beginnt, sich zu erholen.

Den Gang in die Stadt scheuen die Dorfbewohner nicht nur wegen der Entfernung und Fremdheit. Die Ärzte sind teuer. Die Quacksalber besuchen die Kranken zu allen Tages- und Nachtzeiten in ihren Hütten und verlangen nur zehn Rupien für ihre Dienste mitsamt Spritze. Zehn Rupien! Bequemerweise immer denselben Preis. Doch die Ärzte in der Stadt müssen die Dorfbewohner zu festgesetzten Zeiten besuchen. – „Sprechstunde" nennen die Stadtleute so was! – Sie warten oft stundenlang, bis sie zum Arzt vorgelassen werden. Eine Untersuchung von meist wenigen Minuten kostet fünfzig oder sechzig oder siebzig Rupien – fast so viel, wie ein Tagelöhner für einen ganzen Arbeitstag auf die Hand bekommt!

Und dann die Medikamente. Wie schnell sind hundert, hundertfünfzig, zweihundert Rupien ausgegeben! Die Ärzte verschreiben routinemäßig zu viele Medikamente; *overdrugging* ist ein Laster, das den Armen sinnlos aufgebürdet wird. Die Ärzte in einer Kleinstadt wie Bolpur besitzen nur wenige Instrumente und Maschinen, um die Krankheiten eindeutig zu diagnostizieren. Darum behandeln sie mit den verschriebenen Medikamenten zwei oder drei mögliche Krankheiten gleichzeitig. Nehmen die Kranken ein Medikament für jede mögliche Ursache, so die Kalkulation, kann man die eigentliche Krankheit in den Griff bekommen, und der Patient wird gesund (und bei der nächsten Krankheit wiederkommen). Die Armen jedoch ruinieren sich und ihre Familien und die Zukunft ihrer Kinder durch diese hohen Preise.

Bei Operationen verhandeln die Ärzte mit den armen Patienten um einen Preis. Aber auch die günstigste Forderung ist für die Armen zu hoch. Sie verkaufen ihre Felder und ihren Hausrat, sie borgen Geld bei Verwandten, bei den Großbauern, für die sie arbeiten, von den Geschäftsleuten, bei denen sie einkaufen. Sie müssen sich demütigen, müssen flehen und katzbuckeln, ihre Würde und Selbstachtung in den Dreck ziehen, um ihr eigenes Leben oder das eines nahen Verwandten zu retten. Diese Selbstentwürdigung stößt ins Zentrum dessen, was Armut bedeutet.

Die Ärzte sitzen proper gekleidet, mit sauberen Fingernägeln und exakt gekämmten, eingeölten Haaren in ihren oft klimatisierten Sprechzimmern. Wie kann in einer solchen Umgebung ein Dorfbewohner Vertrauen finden und sich öffnen, um über seine Krankheit zu sprechen? Er braucht zumindest etwas Zeit zur Gewöhnung, die ihm der Arzt nicht geben kann, weil noch zwanzig Patienten vor der Tür Schlange stehen. Rasch wird gefragt, rasch der Puls gefühlt, rasch die Lunge abgehört, werden ein paar einfache Fragen gestellt: Fieber? Stuhlgang? Farbe des Urins? … und ein Rezept ausgestellt. Fertig!

In den staatlichen Krankenhäusern geht es noch unbarmherziger – geradezu menschenverachtend! – zu. Auch diese Entwürdigung der Armen durch die Gebildeten, die Fachleute im Gesundheitswesen, stößt ins Zentrum dessen, was Armut bedeutet! Es gibt der Armen zu viele. Die gebildete, wohlhabende Klasse stellt sich nicht ihrer Verantwortung, für die Gesundheit des Volkes zu sorgen. Der Prozentsatz unterernährter indischer Kinder ist ein Skandal. Die Krankheiten sind zu zahlreich. Nur jene, die gut bezahlen, dürfen hoffen, dass ihnen genügend Zeit und Nachdenken und Fachwissen gegeben werden, damit sie in Würde gesunden und weiterleben. Die schwierigste Krankheit ist die Armut selbst: die Unterernährung und dadurch entstehende chronische Zustände sowie das mangelnde Verständnis der Bedingungen der Gesundheit und der Möglichkeiten einer Behandlung.

Ein vernünftiges Verhältnis zum eigenen Körper

Es wäre falsch, die Armen nur als Opfer in den Händen von Quacksalbern und des armenfeindlichen Gesundheitssystems zu sehen. Sie leiden auch, weil sie selbst kein vernünftiges Verhältnis zu ihrem Körper entwickelt haben. Aufgrund ihrer mangelnden Erziehung durch Eltern und Lehrer schützen sie sich nicht vor einer Schwächung des Körpers und vor Krankheiten. Selten sorgen sie selbst aktiv für ihre Gesundheit. Die Nahrung der Armen ist ein hochgefüllter Teller Reis mit ein wenig Linsenbrei *(Dal)*, dreimal am Tag. Daraus müssen sie alle Nährstoffe für ihr körperlich anstrengendes Leben ziehen. Sie könnten zum Beispiel mit geringem finanziellen und Arbeitsaufwand in ihrem Hof Gemüse anpflanzen. Doch tun sie es nicht, weil es ihre Eltern und die anderen Dorfbewohner auch nie getan haben. Den Nährwert von Gemüse, Früchten, Milchprodukten kennen sie nicht. Deshalb legen sie darauf keinen Wert, obwohl sie im Dorf Fruchtbäume anpflanzen könnten. Bäume sind ihnen meist nur als Lieferant von Bauholz wichtig, weniger für ihre Früchte, ihren Schatten, ihre ökologische Bedeutung. So gesehen ist ihr Leben durchaus nicht in Harmonie mit der Natur.

Im Gegensatz zu vielen Europäern nehmen die Armen in den indischen Dörfern und Städten jeden Tag ein Bad. Das heiße Klima nötigt sie zu dieser Erfrischung. Doch wie sauber ist das Wasser? Wie gut reinigt es im hygienischen Sinn? Der Glaube herrscht, dass Wasser *per se* eine reinigende Wirkung besitze, besonders jedes fließende Gewässer. Dass auch Wasser verschmutzt wird, wenn es zu viel reinigen muss, diese Erkenntnis lässt sich nur schwer durchsetzen.

Wie häufig habe ich es zum Beispiel in unseren Dörfern erlebt, dass ein Teich an einer Stelle dazu gebraucht wird, nach der Notdurft das Gesäß abzuwaschen, an einer anderen in der Nähe, um Teller und Geschirr abzuwaschen und selbst ein Bad zu nehmen. Die Folgen sind Typhus, Gelbsucht, Magen- und Hautkrankheiten. Dass der Schmutz im Wasser bleibt und sich nicht mirakulös auflöst, müssen die Armen lernen. Sie müssen lernen, dass sie ihre Hände vor den Mahlzeiten mit Seife waschen und, um in der Hitze Hautausschlag und Krätze zu vermeiden, sich beim Bad mit Seife abreiben müssen. Dass sie durch unsauber zubereitete Nahrung Würmer bekommen, dass diese Würmer ihnen Energie rauben und manchmal lebensgefährlich sind, haben ihnen Eltern und Lehrer nie vermittelt. Die Kinder sehen die Würmer im Stuhl und kümmern sich nicht darum. Die Kinder bekommen Hautausschlag, die Krätze breitet sich langsam über den Körper aus, aber die Eltern schauen stumm und starr zu und tun nichts. Dass Tuberkulose-Kranke ansteckend sind, wissen ihre Familien und Nachbarn nicht. Wie kann sich eine Krankheit auf einen anderen Menschen übertragen? Worauf muss man achten, um eine Ansteckung zu verhindern? Warum hat ein Mensch überhaupt Tuberkulose bekommen? Schicksal? Durch Einwirkung der bösen Geister, ist es eine Strafe der Götter?

Die Armen meinen instinktiv, dass sich Krankheiten nicht verhindern lassen. Wer krank ist, muss sein Schicksal ertragen, Aufbegehren ist zwecklos. Ein solch bequemer Fatalismus ist die übliche Haltung. Hinzu kommt Einfallslosigkeit, wie man sich helfen könnte, um den Schmerz zumindest zu lindern. Der übliche Reflex ist: Wenn die Schmerzen unerträglich werden, wenn die kranken Mensch immer schwächer werden und ihr Ende vorhersehbar ist, dann erst rufen sie den *Ojha* oder den Quacksalber. Vorher heißt es: Weiterarbeiten! Ignorieren! Ertragen!

Mein Nachbar in Ghosaldanga verlor vor Jahren seine Frau, weil er sie nicht zum Arzt brachte. Es war die Zeit der Aussaat, eine wichtige und arbeitsintensive Zeit. Nachdem genug Monsunregen gefallen ist, etwa Ende Juli, strömen die Bauern auf die Felder, um so rasch wie möglich die Feldbestellung in Gang zu bringen: Sie ackern und eggen, setzen die jungen Reispflanzen ein und jäten das Unkraut. Je länger die Samen dem Regen und der schwülen Witterung des Monsuns ausgesetzt sind, desto kräftiger wachsen sie auf und desto reicher sind die Erträge. Mindestens zehn Tage lang sind die Bauern von morgens früh bis abends auf den Feldern beschäftigt. Der Nachbar ließ seine Frau krank auf dem Kordelbett zurück und sagte: „Zuerst bestelle ich unsere Felder, damit wir Reis für das ganze nächste Jahr haben, dann bringe ich dich zum Arzt." – Eine Woche später war die Frau gestorben.

So sehr die Menschen mit der Natur leben und sie zu ihren Gunsten nutzen, so wenig wissen sie über ihre eigene Menschennatur Bescheid. Sie wissen den Schatten der Bäume auszunutzen und geben an, welcher Schatten der „kühlste" sei. Sie wissen, wie man (ohne Kühlschrank) Wasser kühlen kann, damit es den Durst löscht (nämlich in hohen Tonkrügen). Sie wissen, dass ein Strohdach die Hitze besser abhält als ein Ziegel- oder Blechdach, und welche Früchte den Körper „kühlen" und welche Speisen ihn „erhitzen". Im Winter setzen sie sich in die ersten Sonnenstrahlen des Morgens, um sich zu wärmen.

Doch andere Hilfsmittel der Natur, die die Älteren nicht kannten, nutzen auch die Jüngeren nicht, selbst wenn man sie immer wieder darauf hinweist, weil sie nicht mit diesem Wissen aufgewachsen sind. Ein Beispiel: Die jungen Menschen schlafen auch in kalten Winternächten auf dünnen Matten, die aus Palmblättern geflochten sind. Es ist November und Dezember; durch den nackten Erdboden dringt die Kälte, die Menschen ertragen sie und nehmen Erkältungen in Kauf, anstatt sich zu schützen. Die Schüler des Dorfes bat ich, frisches Reisstroh zu bündeln, zu dicken Matten zusammenzuschnüren und sie als Schlafunterlage im Winter zu gebrauchen. Angeleitet von Sona, folgten sie meinem Vorschlag. Doch musste ich ihn jeden Winter wiederholen und nachfragen, ob sie ihm gefolgt seien. Auch Sona sah diese Neuerung, die mit keinerlei Kosten, nur mit zwei Stunden Arbeit verbunden war, nicht wirklich ein. Das Stroh konnte sogar im Frühling, wenn es wieder warm wurde, an das Vieh verfüttert werden.

Eine ähnlich einfache Neuerung, ebenso schwer durchzusetzen, ist, bei Durchfall besonders große Mengen sauberes Wasser zu trinken, verrührt mit einer Salz-Zucker-Lösung. Die Dorfbewohner folgen einer simplen, aber falschen Logik: Um den Durchfall zu stoppen, muss man aufhören zu trinken. So viel Wasser man trinkt, so viel kommt wieder heraus, glauben sie und verstehen nicht, dass der Körper eine bestimmte Menge Wasser braucht, um weiterzuleben. Wie viele Kleinkinder sind anfangs auch in unseren beiden Dörfern gestorben, weil die Mütter ihren von heftigem Durchfall geschwächten Babys nicht immerfort Löffel für Löffel Wasser zugeführt hatten.

Das unstrukturierte Milieu der Armen

Das Leben der Armen ist den Wechselfällen des Lebens total ausgesetzt. Vor familiären Katastrophen können sich die betroffenen Familienmitglieder kaum schützen. Beginnen etwa Vater oder Mutter zu trinken oder zu spielen, begeben sie sich in die Hände von Geldverleihern oder anderen Betrügern, kann eine ganze Familie rasch ruiniert werden. Schlägt ein Mann seine Ehefrau im Zank, zwingt er seine Frau, ein Kind nach dem anderen zur Welt zu bringen, ist sie diesen Situationen fast uneingeschränkt ausgeliefert. Werden die Kinder geprügelt oder wird ihre

Arbeitskraft ungehörig ausgenützt, gibt es keine Instanz, bei der sie Zuflucht finden.

Das Milieu der Armen zeichnet sich dadurch aus, dass es weitgehend unstrukturiert ist. Es kennt keine eindeutige und gefestigte Ordnung, geformt etwa durch Gesetze, die jedes einzelne Mitglied der Gesellschaft binden und eine gewisse Sicherheit geben. Die wankelmütige und unreflektierte Meinung der Mehrheit herrscht. Die Polizeistation ist weit, das nächste Gericht noch weiter; deshalb müssen traditionelle und spontan entstehende Strukturen und Gruppierungen das Gemeinwohl in einer Art von fließender Ordnung halten.

Wird zum Beispiel eine Ehefrau tyrannisiert, werden zunächst die unmittelbaren Familienmitglieder diesen Zustand aus Prestige-Bewusstsein nicht nach außen preisgeben. Wenn die Frau jedoch selbst bei Nachbarn oder bei respektierten Mitgliedern der Kaste, des Stammes, des Dorfes oder des Stadtteils Rettung sucht, wird also ihre Notlage öffentlich, bilden sich spontan Parteiungen, die verschiedene Meinungen und Lösungen vertreten, oft mit Vehemenz. Vielleicht wird dann der brutale Ehemann verprügelt, oder die leidende Ehefrau wird drangsaliert, etwa weil sie ihrem Mann dessen Alkoholkonsum nicht zugesteht. Es gibt ein Hin und Her von Meinungen, die sich heftig entladen. Eine eiligst sich zusammenbrauende Mehrheit entsteht, die nicht ruhig beide Seiten anhört, sorgfältig abwägt und dann eine Entscheidung trifft. Diese Art von Selbstjustiz führt selten zu gerechten und großzügigen Konfliktlösungen, die von Dauer sind. Doch die Armen sind der Meinung der Umgebung auf Gedeih und Verderb ausgeliefert.

Diese Familiensituation wird erschwert durch das strenge, oft hartherzige *Ehrgefühl der Armen*. Ihre Frauen dürfen nicht von anderen beschämt werden und niemals sich selbst zweideutigen Situationen aussetzen. *Ein* Fehltritt kann sie für ihr gesamtes Leben brandmarken. Das Gerücht von einer Liaison, ein Argwohn genügt oft, um ein Mädchen von der Heirat auszuschließen. Die Familienehre diktiert, dass Schwächen und Mängel unter keinen Umständen öffentlich werden. Gewalt in der Familie, Benachteiligung oder Brutalisierung der Frauen, Alkoholkonsum oder tabuisierte Krankheiten wie Lepra oder Tuberkulose müssen möglichst verborgen bleiben. Wehe dem Familienmitglied, das einen Makel an die Öffentlichkeit trägt, und sei es auch in der Absicht, die Familie zu heilen. Besser nicht den Arzt aufsuchen, besser keinen Vermittler einschalten, nur um die Ehre nach außen intakt zu halten. Dieses Szenario gilt insbesondere für Hindu- und Muslim-Dörfer. Die Santal-Gesellschaft ist liberaler, auch moralisch toleranter und ahndet Fehltritte von Frauen oder Männern nicht mit derselben Härte.

Warum haben gerade die Armen diesen rigiden Ehrbegriff? Man könnte doch meinen, dass sie als Arme nicht viel zu verlieren haben und darum „Ehre" für sie nur geringe Bedeutung besitzt. Wichtiger sei doch Arbeit, Nahrung und Kleidung! Die Armen empfinden jedoch umgekehrt: Eben weil sie wenig besitzen, möchten sie zumindest ihre Unbescholtenheit als einen unanfechtbaren Besitz bewahren und verteidigen ihn deshalb mit selbstgerechter Strenge.

Die indische Gesellschaft, insbesondere die arme Schicht in den Städten wie in den Dörfern, besitzt zwar offizielle Instanzen, an die sich eine geprügelte Ehefrau oder ein von einem Nachbarn um seinen Besitz betrogener Mann außerhalb der Familie wenden kann. In den Dörfern ist es das *Gram Panchayat*, der gewählte Dorfrat, und bei den Santals zusätzlich der Häuptling (*Sordar*), der dem Dorf vorsteht und besonders in Konfliktfällen gerufen wird. Meist lässt er das Dorf zusammenkommen, das heißt ein männliches Mitglied jeder Familie, um mit ihnen zu beraten. Die Versammlung ist autorisiert, Strafen zu verhängen und Weisungen auszusprechen. Die regulierende Kraft, welche diese sich selbst zugewiesenen Aufgaben am aggressivsten ausübt, sind die politischen Parteien. Sie greifen ein, wo sie können, um ihre Macht zu demonstrieren und treue Parteigänger zu schützen und weitere anzuwerben.

Die Polizei und die Gerichte sind teuer, ob man nun reguläre Gebühren bezahlt oder Bestechungsgelder. Arme meiden beide Instanzen aber nicht nur wegen der Kosten, sondern auch weil Polizei und Gericht abstrakte Institutionen sind, denen sie sich, wie den Ärzten, nicht verständlich machen und anvertrauen können.

Deshalb bleiben also die Rechtsprechung und die ordnende Macht im dörflichen Bereich, auch wenn diesen Institutionen jede Kenntnis und jede Erfahrung fehlen, gerecht zu sein. Willkürrecht, das auf dem Anschein und auf spontanen emotional getroffenen Entscheidungen beruht, ist die Folge. Eine solche Art von Konfliktlösung ist Teil eines mental-emotionalen Feldes, das ich eng mit dem Zustand der Armut assoziiere. Gerüchte werden ungeprüft als Wirklichkeit aufgegriffen, jeder, der sich stark genug fühlt, die lauteste Stimme und den kräftigsten Arm hat, bildet eine Gruppe um sich, um eine Meinung durchzusetzen. Es ist ein Feld, besetzt von kleinlichem Hickhack, übler Nachrede, unbegründeten Meinungen, von rasch emotional umschlagenden Szenarien, in der alte Eifersüchte ausgepackt, alte Schulden beglichen werden, in der sich Missgunst und Neid, Missverständnisse und Opportunismus brutal und unmittelbar auswirken. Ein Wort kann wie ein Funken wirken, der in ein Ölfass fällt. Ein hitziges Temperament und Gewaltbereitschaft können bedenkenlos zerstören, was geduldige Hände über Jahre konstruktiv zum Gemeinwohl aufgebaut haben. Wie häufig habe ich erlebt, dass die Armen ihre eigenen stärksten Feinde sind, weil sie unfähig sind, rational abzuwägen, was für sie persönlich und für die Allgemeinheit am besten ist und was sie letztlich aus den Übeln der Armut herausführen könnte.

Ein Beispiel aus dem Stadtmilieu: Kürzlich berichtete eine Zeitung, wie ein Mob von jungen Leuten in ein modernes Krankenhaus am Rand von Kalkutta eingedrungen ist und mit Eisenstangen die Möbel und Geräte, die Fensterscheiben und medizinischen Vorräte kurz und klein geschlagen und verbrannt hat. Was war geschehen? Nach einem Verkehrsunfall in der Nähe war ein schwer verletztes Mädchen zu diesem Krankenhaus transportiert worden. Ihm wurde aber die Aufnahme verweigert – so hieß es. Als dies bekannt wurde, bildete sich sofort eine Gruppe von Raufbolden aus dem naheliegenden Armenviertel. Sie handelten, ohne die Wahrheit des Gerüchts zu prüfen, ohne zunächst bei dem diensthabenden Arzt vorzusprechen und gegebenenfalls auf das Recht der Patientin zu dringen. Denn auch in Indien ist ein Krankenhaus gesetzlich dazu verpflichtet, ein Unfallopfer unverzüglich aufzunehmen, ohne zunächst eine Geldkaution zu verlangen. Die Leitung des besagten Krankenhauses gab jedoch an, das Mädchen sei aufgenommen worden, allerdings sei es vor Beginn der Behandlung gestorben.

Es ist nie leicht, ein gerechtes Bild von einem Konflikt zu bekommen, weil Aussage hart gegen Aussage steht, weil alle Betroffenen nur einen beschränkten Ausschnitt des Konflikts sehen (wollen) und emotional nicht dazu bereit und geistig vielleicht auch nicht dazu fähig sind, die Situation in einem größeren Rahmen zu bewerten, also auch die Standpunkte anderer Menschen in ihre Bewertung einzubeziehen. In den Slums wie in den armen Dörfern herrscht, wenn Konflikte aufbrechen, eine rohe Form von Demokratie, die sich Respekt verschafft und Furcht verbreitet, weil die Mehrheit zur Gewalt bereit ist und darum ihre Handlungen unanfechtbar werden. Auch der Mob in Kalkutta wird aller Wahrscheinlichkeit nach nicht polizeilich zur Rechenschaft gezogen. Gerichtliche Schritte könnten zu weiteren Racheakten eskalieren, die letztlich unkontrollierbar würden. Man fügt sich der Mehrheit. Dies ist das hässliche Gesicht der Armut.

Armut ist ein mentaler Zustand

Armut ist nicht nur materieller Mangel

Der Begriff der Armut muss entmythologisiert werden. Wir sind in Europa an ein Image der Armut gewöhnt, das dem, das ich bisher gezeichnet habe, nicht entspricht. Wir glauben, Armut sei der Mangel an Nahrung, an Kleidern, an einem Dach über dem Kopf, an Medikamenten – kurz, ein Mangel an Materiellem. Das beinhaltet der Zustand der Armut natürlich auch, aber ebenso wesentlich bedeutet Armut einen mentalen Zustand. Hinge Armut einzig vom Fehlen materieller Werte ab, könnte dem Mangel abgeholfen werden, indem man den Armen das fehlende Materielle spendet. Wer jedoch die Armutssituation kennt, weiß, dass die Armut nicht so problemlos aufgehoben werden kann. Doch in Europa hält sich hartnäckig diese simple Sicht der Armut. Man muss spenden, um die Hungrigen zu speisen, die Nackten zu bekleiden, die Kranken gesund zu machen. Der Appell der Bergpredigt klingt in unseren Ohren. Beispiele wie *Franz von Assisi* (gest. 1226), *Elisabeth von Thüringen* (gest. 1231) oder *Mutter Teresa* (gest. 1997) fordern uns heraus. Die Geld spenden, dürfen sich deshalb großzügig fühlen und befreit von nagenden Schuldgefühlen, denn sie glauben tatsächlich, sie hätten alles Notwendige getan, um zu helfen. Dass die Armut jedoch ein komplexer Zustand ist, den man nur auf eine komplexe und langwierige Weise beheben kann, haben unsere bisherigen Erläuterungen deutlich werden lassen.

In Europa sind wir gewohnt, die Armut schlicht als Mangelerscheinung zu betrachten, weil uns das christliche Erbe dazu drängt, zu helfen, etwas zu tun, tätige Nächstenliebe zu üben. Und das ist, so glauben wir, spontan und ohne Probleme möglich, indem man Materielles hergibt. Radikal ausgedrückt: um uns von der emotionalen und geistigen Anstrengung zu befreien, die Armut in ihrer Ganzheit zu erfassen, geben wir Geld und Kleider.

Für diese naiv verfälschende Vorstellung von Armut sind zumindest teilweise die Geberorganisationen, auch die missionarischen Institute, verantwortlich. Sie appellieren in den meisten Fällen nur an die finanzielle Großzügigkeit der Menschen in Europa und stellen die Armen darum einseitig als Mangelwesen dar. Sie erklären, differenzieren, kontextualisieren die Armut kaum. Sie brauchen Geld und haben darum Strategien entwickelt, die Barmherzigkeit, das Mitleid, die Schuldgefühle der potenziellen Spender zu aktivieren. Ein tieferes Verständnis der Situation, zu deren Abhilfe man Geld spendet, hindert womöglich die Geberfreude, weil es mit Sicherheit Zweifel, unbeantwortbare Fragen und Bedenken aufwirft und den reinen, starken Geberwillen schwächt. Aber Armut als Mangelerscheinung zu betrachten entbindet uns nicht von der Herausforderung, die Armut tiefer zu erfassen und uns auf ihre psychologische, gesellschaftliche und geistige Situation einzulassen.

Gewiss gibt es Situationen des Mangels, in denen es darauf ankommt, schnell und reichlich zu geben und nur zu geben: bei Katastrophen, in akuten Notsituationen. Etwa bei Erdbeben, Dürren, Überflutungen gilt es, schnell und effektiv diesem Mangel abzuhelfen, zumindest als einen ersten Schritt. Bei schweren Krankheiten, Epidemien, bei akuter Nahrungsknappheit sind zunächst Ärzte, Krankenhäuser, Medikamente und fachgerechte Pflege, sind ausreichende Lebensmittel notwendig, so lange bis diese Notsituation beseitigt ist. Danach beginnt die eigentliche und schwierigere Bemühung, nämlich die Prävention eines ähnlichen Zustands in der Zukunft.

Armut darf nicht idealisiert werden

Es ist eine beunruhigende Verfälschung, wenn, mit der Absicht, Spender zu motivieren, die armen Menschen idealisiert werden. Auf Fotos werden sie als lächelnde, reine, genügsame, edle Menschen dargestellt. Wie erwähnt, die Oberfläche der Armut, besonders in den Dörfern, sieht oft harmonisch, bunt, sogar heiter aus. Arme sind oft auf beunruhigende Weise fotogen. Doch Fotos fangen nur die Oberfläche ein. Nur Worte können differenzieren und diese Oberflächen-Lieblichkeit der Armut kontextualisieren.

Wie oft habe ich von dem „Reichtum der Armen" gelesen, eine Formulierung, die ein reizvolles Wortspiel mit einem Paradox ist, das aber nicht erklärt und aufgelöst wird. Suggeriert wird, dass arme Menschen sich aufgrund ihrer Armut eine Reinheit und Echtheit bewahrt haben, die man als emotionalen und geistigen Reichtum verbuchen müsse. Dies ist ein gefährliches Spiel mit dem bedrückenden Zustand der Armut und mit den Gefühlen potenzieller Spender.

Noch einmal: Armut ist ein mentaler Zustand, der mit der Mangelsituation verzahnt ist. Der Mangel ist sowohl Ursache wie Folge dieses mentalen Zustands. Aus der materiellen Armut entwickelt sich *ein Milieu und ein Psychogramm der Armut.* Die Armen sind in der Lage, ein volles, oft sogar erfülltes Leben zu führen, wie gesagt, solange sie Arbeit haben, gesund sind, sich ausreichend ernähren und sich keine Katastrophen in der Familie und Gruppe ereignen, in denen sie leben. Ihr Leben ist in einem instabilen Gleichgewicht, das von heute auf morgen umschlagen kann. Die Substanz der Armut besteht darin, dass die

Armen dieses empfindliche Gleichgewicht nicht bleibend stabilisieren können. Tritt eine Notsituation ein, sind sie unfähig, sie aufzufangen und zu absorbieren. Der mentale Horizont der Armen besteht aus dieser existenziellen Unsicherheit und der beständigen Angst, dass sich ihr gegenwärtiger Zustand des Gleichgewichts verändern könnte. Sie wollen Stabilität und Sicherheit, doch fehlt ihnen meist die intellektuelle, praktische und technische Fähigkeit, einen Weg zu einer solchen Sicherheit zu finden. Sie erkennen keine Wahl, außer auf dem Weg weiterzugehen, auf den das Leben sie gestellt hat. Anstatt sich um eine strukturelle Änderung ihres Lebens zu bemühen, suchen sie eher Sicherheit in der Gruppe.

Die Familie und andere Netzwerke

Eine gewisse Sicherheit bietet die Familie. Sohn und Tochter überlassen die Verantwortung für ihr ganzes Leben dem Vater und der Mutter oder dem älteren Bruder. Für ihr ganzes Leben! Denn die Älteren suchen auch die Ehefrau für den Sohn oder den Ehemann für die Tochter aus, sie bestimmen meist den Beruf und den Kreis von Bekannten und Kontaktpersonen. Persönliche Unabhängigkeit wird weder von den Jüngeren noch von den Älteren angestrebt oder für notwendig gehalten. Auch wenn die Söhne schon verheiratet sind und das junge Ehepaar Kinder großzieht und Verantwortung in der Familie und im Beruf übernommen hat, werden sie vom Vater Sicherheit und Unterstützung erwarten. Die Menschen projizieren stets ihre eigene Verantwortung auf den je Älteren. Arme Menschen vertrauen umso mehr auf die Tragfähigkeit der

Familie, weil sie keine anderen tragfähigen Strukturen besitzen. Die armen Familien streben danach, mit so zahlreichen Familienmitgliedern in Verbindung zu bleiben wie möglich, denn je größer die Gruppe, desto höher ist die Wahrscheinlichkeit, dass jemand in Krisenzeiten hilft. Die Großfamilien der Armen bleiben trotz der enormen inneren Spannungen intakt, weil alle wissen, dass jeder die anderen brauchen könnte. Das heißt natürlich, dass die einzelnen Mitglieder nicht nur Hilfe erwarten dürfen, wenn sie solche brauchen, sondern auch bereit sind, anderen Menschen Hilfe zu geben. Die Opfer finanzieller und anderer Art, die die Menschen für ihre Familie bringen, sind erstaunlich hoch. Sie bringen sie aber stets mit der Hoffnung, dass andere dieselben Opfer für sie bringen.

Ein Junge in meiner Nachbarschaft heiratete ein Mädchen, das nicht von der Familie ausgesucht worden war. Das galt als Ungehörigkeit, zumal der Junge das Mädchen aus Furcht vor Zurückweisung ohne die Erlaubnis der Eltern heimlich geheiratet hatte. Die Familie war zornig und schnitt den Jungen. Bei der nächsten Heirat in der Großfamilie wurde er nicht eingeladen. Doch sobald das junge Paar ein Kind bekam – sogar einen Jungen –, schloss sich die Familie wieder zusammen. Immerhin ist das Baby ein Familienmitglied; Neuankömmlinge werden stets mit Zuneigung und Interesse überhäuft. Wie könnte es mit diesem anders geschehen! Der Junge wurde mitsamt seiner Frau und ihrem Kind wieder in den Schoß der Großfamilie aufgenommen.

Andere soziale Netze – etwa Nachbarschaft und Dorfgemeinschaft, auch die Kollegen am Arbeitsplatz, die religiöse Gruppe und die politische Partei – sind manchmal stärker, manchmal schwächer präsent, aber allgemein weniger verlässlich; doch zeigen sie sich oft finanzkräftiger und durchsetzungsfähiger als die Großfamilie. Den anderen Netzen muss man sich ständig neu ins Gedächtnis rufen, sich selbst zur Hilfe anbieten, sein Prestige und seine Vorzüge und Beziehungen, Talente und Leistungen hervorkehren. Der Versuch, nicht aus dem Netz solcher Gruppenbeziehungen herauszufallen, ist anstrengend, zeitraubend und verlangt die mentale Robustheit, ständig Demütigungen hinzunehmen.

In einer Gesellschaft, die so rasch wächst, die aus den Nähten platzt, sind die Infrastrukturen so unzuverlässig, dass selbst alltägliche Erledigungen oft nur mit Hilfe von persönlichen Beziehungen möglich sind. Eine Zugfahrkarte zweiter Klasse für den nächsten Tag zu kaufen; auf einem Amt eine Urkunde zu besorgen; einen guten Arzt zu finden, der im Notfall die Patienten untersucht und ihnen ein Bett im Krankenhaus verschafft; bei einem Diebstahl die Polizei zum Einschreiten zu bewegen; eine *ration card* zu bekommen, die Menschen in den Dörfern dazu berechtigt, Grundnahrungsmittel zu subventionierten Preisen zu kaufen; einen Schreiner, einen guten Klempner, einen fachmännischen Maurer anzustellen – für alles braucht man persönliche Fürsprecher, jemanden, der den Fall, und sei er noch so unkompliziert und alltäglich, vorantreibt und zum Abschluss führt. Nichts geht leicht von der Hand, nichts gelingt ohne zeitraubende und oft entnervende Komplikationen.

Nur Menschen, die bereit sind, beachtliche Summen auf den Tisch zu blättern, um Diener und Mittelsmänner und Aufsichtspersonal einzustellen, brauchen sich auf dieses informelle Netzwerk nicht einzulassen. Sie schaffen es sich selbst, wie eine kleine Privatarmee. Nur Personen, die aufgrund ihrer gesellschaftlich angesehenen Familie Beziehungen zu den höheren Ebenen der Verwaltung, Politik, Polizei und Industrie unterhalten, und Personen, die durch ihren Beruf über Macht und Einfluss verfügen, der weit über die Berufssphäre hinausreicht, sind vor Willkür und Schicksalsschlägen, so weit menschenmöglich, geschützt.

In das Netzwerk sind also nicht nur die armen Bevölkerungsschichten eingebunden, sondern ebenso Menschen bis in die Mittelklasse in Dorf und Stadt. Das Dilemma von zahllosen Armen ist eben, dass sie ein solches tragfähiges Netzwerk nicht aufbauen können. Das sie umgebende Netz der Familie und Nachbarschaft, das nicht eigentlich aufgebaut und gepflegt werden muss, vermag allein eine Krise nicht aufzuhalten. Die Armen verfügen nicht über die konstruktive Fertigkeit, das kommunikative Geschick, das planende Denken und das Selbstvertrauen – ganz zu schweigen vom sozialen Prestige –, um solche Netze einzufädeln. Ihre Fantasielosigkeit, ihr Fatalismus lassen sie auf den Zufall, auf plötzliche Eingebungen, auf eine entwürdigende totale Kapitulation vor den Mächtigen und Wohlhabenden vertrauen. Oft sehen sie nicht einmal den Mangel an Schutz, dem sie ausgeliefert sind, und erkennen ihn erst mit Entsetzen, wenn sie eine Krise trifft.

Viele Arme können ihre Kinder nicht in die Schule schicken, weil sie kein Lehrer dabei beratend unterstützt; sie können sich vor Übergriffen durch Bauern aus dem Nachbardorf, die behaupten, ein bestimmtes Feld gehöre ihnen, nicht schützen, weil sie auf der Polizeistation keinen Polizisten kennen; sie können ihre Töchter nicht zur Entbindung ins Krankenhaus schicken, weil sie in der Entbindungsabteilung kein Bett erkämpft haben; sie können auf einem Amt oder einer Behörde keine Bescheinigung oder Urkunde, die sie benötigen, bekommen, weil sie das Büro nicht ausfindig machen, weil der Beamte sie unwirsch abweist, weil schon der Laufbursche für dieses Papier ein Schmiergeld verlangt.

Das ist Armut! Die Armen bekommen täglich und brutal zu spüren, dass sie in den Hackordnungen der Macht ganz unten stehen und nichts, überhaupt *nichts* dagegen unternehmen können. Sie lernen, dass außerhalb des geheiligten Raums der Familie Macht, nur Macht und Geld ein lebenswertes Leben ermöglichen. Sie spüren, dass eine rohe materialistische Auffassung vom Leben die einzige ist, die sie schützt. Es ist ein Teil der Armutssituation, dass in ihr meist weniger die harte Arbeit, die ernsthafte Bemühung, die Ehrlichkeit in Geldsachen belohnt werden als Beziehungen, also Privilegien.

Da die Armen keine Beziehungen spielen lassen können, sinken viele von ihnen auf die Ebene von Opportunismus, Korruption, Ausbeutung und kleinen Betrügereien ab. Sie lernen, dass aggressive Forderungen zu mehr Einkommen und sogar zu größerer sozialer Anerkennung führen, seltener jedoch Leistungen und Tugenden. Der arme Rikschafahrer wird den Kunden mit Geschrei und erpresserischen Methoden so viel Geld aus der Tasche ziehen, wie nur möglich. Der Händler preist schlechte Waren als gute an, wird betrügen und verheimlichen. Das Milieu der Armut ist vom fehlenden Vertrauensverhältnis zwischen Armen und ihren Arbeitgebern verseucht. Gegenseitiges Misstrauen, gegenseitiger Argwohn, die ängstliche Kontrolle der Armen durch ihre Arbeitgeber, der Versuch gegenseitiger Übervorteilung – das charakterisiert unglücklicherweise die Beziehungen mehr als positive Aspekte. Diese Beziehungen zwischen den Armen und ihren Arbeitgebern „funktionieren" vor allem, weil die Arbeitgeber auf die Dienstleistungen der armen Bevölkerung für ihr standesgemäßes Überleben angewiesen sind und umgekehrt die Angestellten ohne diese Löhne mittellos wären.

Es ist äußerst anstrengend für die Armen, dem Sog dieser materialistischen Verrohung Widerstand zu leisten. In der gesellschaftlichen Atmosphäre, wie ich sie beschreibe, ein Leben nach festen Werten zu führen, verlangt eine geradezu heldenhafte Mühe. Dass so viele Arme sie dennoch auf sich nehmen, führe ich auf ihre konservative Grundeinstellung zurück. Wie die Eltern und Großeltern nach einem Ehrenkodex gelebt haben, so wollen auch die Jüngeren ihr Leben gestalten. Das hat eine festigende, beschützende Wirkung, aber auch jene, dass Entwicklung und sozialer Wandel nur schwer und langsam vorankommen.

Herablassung gegenüber den Armen

Das Milieu der Armen ist geprägt von einer Herablassung gegenüber den Armen, die oft die Grenze zur Verachtung überschreitet und mich erschauern lässt. Selten sehe ich Menschen, die ihre Angestellten im privaten Bereich – Diener, Köche, Chauffeure, Putzfrauen – wie im öffentlichen Bereich der Regierungsämter kollegial behandeln. In diese Haltung spielt nicht nur der Unterschied von Klasse und Bildung, sondern auch der Kasten hinein. Viele Arbeitgeber meinen, sie könnten ihr „Prestige“ als wohlhabende und gebildete Menschen nur bewahren, indem sie einen Abstand der Geringschätzung zu den ungebildeten Armen, die für sie arbeiten, aufbauen. So handeln im westlichen Sinn gebildete Menschen, die stolz auf ihre Bildung sind und verantwortungsvolle Berufe ausüben, sich aber offenbar nicht im Klaren sind, wie drastisch sie den abendländischen Idealen der Demokratie und der Menschenwürde zuwiderhandeln.

Erschreckend ist in diesem Zusammenhang, dass Europäer, die als Firmenvertreter oder Repräsentanten europäischer Organisationen in indische Großstädte ziehen, oft diesen Habitus der Herablassung übernehmen. Womöglich möchten viele eine freundliche Beziehung zu ihren Angestellten aufbauen, doch scheitern sie an sprachlichen und kulturellen Barrieren und an ihrem eigenen Mangel an Mut. So schlüpfen sie in die bequemen feudalistischen Handlungsklischees, die sie früher bei anderen kritisierten. Dafür halten sie ein Dutzend Ausreden parat.

Das gegenseitige Aufeinander-Angewiesensein von Arbeitgebern und Arbeitnehmern könnte einen Sozialvertrag hervorbringen, bei dem beide Seiten ein Maximum an Schutz und materieller Entfaltungsmöglichkeit erhalten. Womöglich war im feudalen Gesellschaftssystem ein solcher Schutz vorhanden, wenn er auch auf Kosten der menschlichen Würde der vom Feudalherrn abhängigen Armen ging. In einer Zeit, in der sich alte Gesellschaftsstrukturen auflösen und moderne noch nicht in allen Gesellschaftsschichten anerkannt und gefestigt sind, verlieren gerade die Armen ihre Verankerung im Leben. Sie verstehen die modernen, vom Westen beeinflussten, Werte nicht – die ihnen eine Stimme, Ermächtigung und Menschenrechte anbieten. Denn sie haben nicht gelernt, sich die für dieses Denken notwendige Unabhängigkeit, das Selbstvertrauen und die Selbstartikulation anzueignen. Sie sind darum auch nicht darauf vorbereitet, für solche Werte zu kämpfen. Lieber auf die konservativen Werte zurückfallen, die ihnen die Eltern vorgelebt haben! Mit zunehmendem Alter werden die Armen jedoch durch ihre schulisch gebildeten Kinder und Enkel mehr und mehr mit diesen modernen Werten konfrontiert und in ein Chaos der Werte gestürzt.

Analphabetismus und Schulbildung

Wie erlebt ein Analphabet die Welt?

Wer lesen und schreiben kann, dem öffnet sich eine Welt jenseits der sinnlichen Wahrnehmungen. Die Schrift wurde erfunden, um die Erfahrungen des Sehens, Hörens, Tastens und Schmeckens in Sprache, in abstrakte Zeichen umzusetzen. Auf diese Weise können Menschen ihre Erfahrungen interpretieren und in einen größeren Zusammenhang einordnen. Die Schrift strukturiert und koordiniert die sinnlich erfahrene Welt, damit wir sie verstehen und durch dieses Verständnis in der Welt zweckvoll handeln können.

Analphabeten können an dieser Zeichenhaftigkeit der Welt nicht teilnehmen. Sie leben in einer Gegenwart sinnenhafter Eindrücke, ohne die Instrumente zu haben, diesen Erlebniskosmos zu abstrahieren und zu bewältigen. Es ist eine Art Gefangenschaft in der sinnenhaften Welt. Durch Prozesse wie Vergleich, Analogie, Deduktion und Reduktion wird der Verstand trainiert, um aus der großen Masse der Erfahrungen das Wesentliche vom Unwesentlichen zu unterscheiden, um das Leben praktisch zu ordnen und ihm einen Sinn abzugewinnen. Ein wesentlicher Schlüssel dafür ist die Beherrschung der Schrift und der Zahlen.

In Europa sind wir von Menschen umgeben, die in überwiegender Mehrzahl lesen und schreiben können. Darum können wir uns nur schwer vorstellen, welches Hindernis der Analphabetismus auf dem Weg zu einer persönlichen Entwicklung bedeutet. Die armen, analphabetischen Menschen in den Dörfern leben wie in einem mentalen Käfig. Mögen sie auch intelligent sein, sie können ihre Intelligenz nur minimal nutzen. Mögen sie praktisch begabt sein, sie können ihre Begabungen nicht optimal freisetzen.

Stellen wir uns die Situation jener Menschen vor, die nie eine Schule besucht haben oder nur ein oder zwei Schuljahre – nicht lang genug, um Lesen und Schreiben als Bildungsgut lebendig zu erhalten. Im Dorf kommen sie bei der Verrichtung ihrer bäuerlichen Arbeiten noch ohne Schulbildung aus. Doch sobald sie ins Nachbardorf gehen, etwa zum Bauern, auf dessen Feldern sie arbeiten wollen, oder zum Markt, um Gemüse zu kaufen, ist Schulbildung bereits von Vorteil. Ohne Schulbildung können sie sich vor Menschen, die nicht zum engsten Familien- und Dorfkreis gehören, nicht zielführend äußern. Sie verstehen nicht, wie sie ihre Gedanken ordnen müssen, um eine bestimmte Bitte, einen Wunsch, eine Forderung auszudrücken. Es kommt unsortiert und unverständlich wie ein Wortsalat aus ihrem Mund. Sie selbst schämen sich darüber, dass sie nicht aussprechen können, was sie empfinden – und verstummen. Wenn sie auf ein Amt gehen, um einen Stempel auf ein Papier zu verlangen, können sie dem Angestellten nicht erklären, was sie brauchen; wenn sie im Geschäft ein neues Hemd kaufen, wissen sie nicht, was sie auswählen sollen – welche Farbe, welches Muster gefällt ihnen? Welche Größe soll es sein? Wenn sie ein Foto in die Hand bekommen, drehen sie es ratlos nach rechts und nach links und stellen es auf den Kopf; sie erkennen niemanden darauf, weil ihnen das Konzept des Ab-Bildes fehlt. Wenn sie zu ihrer verheirateten Tochter fahren wollen, die in einem entfernten Dorf wohnt, wissen sie nicht, in welcher Richtung, auf welcher Route das Dorf liegt und in welchen Bus oder Zug sie einsteigen müssen. Sie können es auch nicht selbst herausfinden, denn sie kennen die Fragen nicht, mit denen man die notwendigen Informationen erhalten kann.

Ein Schüler oder eine Schülerin mit einigen Jahren erfolgreicher Schulbildung hat gelernt, welche Fragen man eine nach der anderen stellen muss, um an ein Reiseziel zu kommen, und sie können diese Fragen auch geordnet vorbringen, nicht aber ihre analphabetischen Eltern. Jedesmal müssen sie einen jungen Verwandten oder Nachbarn, der Schulbildung besitzt, mitnehmen. Wie entwürdigend etwa für einen sechzigjährigen Mann, den Patriarchen seiner Familie, vielleicht der Häuptling in seinem Santal-Dorf, derart auf Kinder oder Enkel angewiesen zu sein!

Wenn die Bauern auf dem Markt einkaufen oder sich von einem Großbauern ihren Tageslohn auszahlen lassen, sehe ich, wie argwöhnisch sie die Münzen und Geldscheine in den Händen hin- und herdrehen. Hat man sie betrogen? Will man sie betrügen? Will man ihnen etwas aufschwatzen? Aus ihnen Dorftölpel machen? Die Armen werden gelernt haben, die Geldscheine zu identifizieren. Sie wissen, dass zwei Zehn-Rupien-Scheine den Wert eines roten Zwanzig-Rupien-Scheins haben. Doch ein Leben lang rechnen sie erst angestrengt mit gefurchtem Gesicht an ihren Fingern, weil sie sich die einfachen Rechenvorgänge immer neu ins Gedächtnis rufen müssen. Sie wissen, wie leicht man sie übers Ohr hauen kann und wie häufig es schon geschehen ist!

Der Mangel an Schulbildung schlägt Erwachsene mit Stummheit, er ent-mündigt sie im radikalen Sinn. Er verweigert ihnen die deutliche Kommunikation zunächst durch das Wort, dann durch die Schrift. Es beginnt mit dem Schild, das am Geschäft hängt und darauf hinweist, was man darin kaufen kann. Jedes Büro, jede Bank, jeder Stand auf dem Markt benutzt die Schrift wie Losungsworte, durch die die Kunden den Schlüssel zur richtigen Ware, zum nützlichen Gebrauch eines Dokuments erhalten. Geburtsurkunden und Totenscheine sind inzwischen Pflicht. Ohne Geburtsurkunde darf kein Kind mehr eingeschult werden. Ohne Totenschein kann kein Leichnam eingeäschert werden. Ohne Unterschrift werden keine Patienten ins Krankenhaus aufgenommen und ohne Entlassungsschein niemand nach Hause geschickt. Die Analphabeten haben keine Kontrolle darüber, was sie versprechen und mit ihrem Daumenabdruck „unterschreiben“. Sie setzen ihren Daumen just auf die Stelle des Papiers, die ihnen gezeigt wird, und müssen darauf vertrauen, dass sie nicht betrogen werden.

Indiens Bürokratie ist voller Labyrinthe, Irrwege und Verschlingungen. Für einen ungebildeten Menschen ist es schier unmöglich, darin ans Ziel zu gelangen. Er wird von Tür zu Tür geschickt, abgewiesen, auf den nächsten Tag oder die nächste Woche vertröstet, wird warten gelassen und vergessen. Auch gebildete Menschen haben es schwer. Doch sie besitzen jenen Zauberstab, der den Armen fehlt: Beziehungen, ihr Sozialnetz. Die Bürokratie beginnt mit Zetteln, die man an der Pforte ausfüllen muss, um eingelassen zu werden. Sie schwelgt in Anträgen in dreifacher Ausführung, in Eintragungen in diverse Registrierbücher, umgibt sich mit Zetteln, die man ins Zimmer hineinreicht, um einen Besucher anzumelden oder um ihn weiterzuschicken. Alles soll schriftlich festgehalten, dokumentiert, notiert werden. Die armen analphabetischen Menschen beginnen zu zittern angesichts eines solchen Wusts von Schriftstücken, die sie nicht lesen können. Was bleibt ihnen anderes übrig, als aufzugeben?

Schule und bäuerliche Existenz sind in einem stetigen Widerstreit miteinander befangen. Stellen wir uns einen Bauernjungen vor, dessen Familie von der Landwirtschaft lebt – einhundert Millionen von ihnen wachsen in den Dörfern Indiens auf! Er hat die Schule nur zwei oder drei Jahre lang besucht. Das mag verschiedene Gründe haben. Vielleicht hat er sich nicht an die Disziplin und Regelmäßigkeit des Schulunterrichts gewöhnen können. Beides hat er nicht ernst genommen, weil bisher nichts in seinem jungen Leben darauf hingewiesen hatte, dass Disziplin und Regelmäßigkeit zur praktischen Lebensbewältigung notwendig sind. Für die Arbeit auf den Feldern seines Vaters und das Leben im Dorf waren sie nicht wichtig. Dieses Leben folgt einer anderen, weniger mechanischen, einer eher organischen Ordnung. Nicht die Uhr ist das ordnende Prinzip, sondern der Lauf der Sonne, das Wetter, das Gefühl von Hunger und Sättigung, die Zyklen der Landwirtschaft. An diesen Wechsel zu einer Disziplin, die mechanisch wirkt und rational ist, hat er sich nicht gewöhnen wollen. Er kam zu spät zum Unterricht, einmal, mehrmals, immer wieder. Der Lehrer prügelte ihn, schalt ihn vor der Klasse aus, befahl ihm, zur Strafe eine Stunde draußen in der Sonne zu stehen. Seelische Verletzungen, Ärger und Verdrossenheit führten dazu, dass er bald die Schule verließ und damit sein Leben – ohne dass er es sich bewusst wurde – eine entscheidende, unumkehrbare Richtung einschlug.

Oder ein Mädchen wurde früh mit Haushaltsarbeit belastet. Die Mutter war krank, darum blieb die Tochter aus der Schule weg, um den Hof zu fegen und zu kochen. Oder der Vater arbeitete den ganzen Tag auf dem Feld, darum musste die Tochter zum Dorfladen gehen, um Speiseöl, Gewürze und Kerosin einzukaufen; wieder blieb sie der Schule fern. Sie blieb so häufig fern, bis sie dem Lehrer nicht mehr folgen konnte und mutlos ganz zu Hause blieb. Der Vater wird gedacht haben: „Das Mädchen wird mit sechzehn, siebzehn Jahren heiraten und geht aus dem Haus. Was nützt es uns, wenn es eine Schulbildung bekommt! Soll es lernen zu kochen und den Haushalt zu führen, das ist für die Ehe wichtiger als bengalische Gedichte herzusagen. Kochen und Haushaltsangelegenheiten lernt meine Tochter nicht im Unterricht, sondern nur bei mir in der Familie."

Ein anderer Junge, durchaus bemüht, sich anzupassen, konnte dem Unterricht nicht folgen. Die Lehrer stehen vor fünfzig bis sechzig Schülern und Schülerinnen in einer Klasse. Sie müssen schreien, um gehört zu werden. Auf Nachfragen von den Schülern können sie selten eingehen. Oft muss ein Lehrer sogar zwei Klassen gleichzeitig unterrichten: eine halbe Stunde die eine Klasse, während die andere Klasse einen Text abschreibt oder laut auswendig lernt, dann umgekehrt. Wer nicht rasch versteht, muss sich den Stoff nachmittags von einem Nachhilfelehrer erklären lassen. Beinahe alle Schüler nehmen Nachhilfe in Anspruch, müssen also Geld bezahlen, um zu verstehen, was eigentlich der Lehrer ihnen verständlich machen sollte. Nicht alle Eltern sind bereit oder fähig, ihren Kindern den Nachhilfeunterricht zu bezahlen. Das bedeutet automatisch den Abbruch ihrer Schulkarriere.

Die größte Bedrohung ihres Fortschritts kommt von den Eltern, die ihre Kinder nach einem oder zwei Jahren von der Schule abnehmen, damit sie die Familie unterstützen. Die Mädchen helfen beim Kochen, die Jungen hüten das Vieh auf den Feldern und geben ihm im Dorf Stroh zu fressen. Sobald ein Kind fest auf den Beinen steht, kann es der Familie nützlich werden und muss mitarbeiten, damit die Familie den täglichen Reis auf ihre Teller häufen kann.

Die Eltern, selbst analphabetisch, begreifen nicht, dass die Kinder durch die Schule ein besseres Leben aufbauen können. In den Augen vieler Eltern ist Schulerziehung Luxus. Selbst wenn sie erwarten, dass einige Söhne und Töchter nach Schulabschluss eine Anstellung bekommen und die ganze Familie versorgen können, ist dieses Ziel für sie unendlich weit weg – sogar mit der Fantasie unerreichbar. So weit im Voraus zu planen und Ziele zu verfolgen, ist für sie ungewohnt. Für solche entfernten Ziele jahrelang Opfer zu bringen und Anstrengungen auf sich zu nehmen, ist für analphabetische Eltern unrealistisch. Sie bringen die Motivationskraft dafür nicht auf.

Die Eltern erlauben den Kindern den Schulbesuch meist nur, weil die Nachbarfamilien ihre Kinder eben auch zur Schule schicken. Gruppenkonformität ist – anstelle von rationaler Durchdringung und Eigenentscheidung – im Milieu der Armen besonders wichtig.

In überfüllten Klassenzimmern kann sich beim Frontalunterricht keine wirkliche Pädagogik entfalten. Die Lehrer sprechen den Lernstoff vor, die Kinder wiederholen ihn im Chor. Der Lehrer schreibt an die Tafel, die Kinder schreiben ab. Der Lehrer diktiert, die Kinder schreiben nach Diktat ihre Hefte voll. So lernen die Kinder, auf die knappsten Formeln gebracht, den Stoff ihrer Fächer – Geschichte, Erdkunde, Literatur, Biologie. Diesen Lernstoff wiederholen die Schulkinder in einem lauten Singsang am Abend in ihrer Familie oder zusammen mit dem Nachhilfelehrer – Wort für Wort ohne Verständnis, ohne Freude, bis sie ihn auswendig im Kopf haben. Sie verschlingen den Stoff wie unverdauliche Essensbrocken. So eintönig und freudlos und herzlos ist der Unterricht in den staatlichen Schulen! Mechanisches Lernen, ohne Interesse zu wecken für die menschlichen Hintergründe und für die tieferen Lebenszusammenhänge. So haben die Lehrer in den Dorfschulen gelernt und mit memoriertem Wissen eine Prüfung nach der anderen bestanden, genauso lieblos und autoritär trichtern sie nun das Wissen in die Köpfe der nächsten Generation.

Jungen Menschen, die in den Dörfern aufwachsen, das heißt in Verbundenheit mit der Natur und dem Kosmos, ihrem religiösen Glauben und der Familie, erscheinen diese Schulen so unnatürlich wie Folterkammern. Der Unterricht ist keine organische Fortsetzung und Ausweitung ihrer dörflichen Welt, er ist fremd und kalt und unfreundlich. Die nicht dazu gedrängt werden, etwa von den Eltern, von strengen Verwandten, von der Gruppenkonformität, die wenden sich ab.

Die Armen in den Dörfern entwickeln einen starken Willen bei der Befriedigung ihrer unmittelbaren Bedürfnisse. Bei der Feldbestellung sind sie mit sich unerbittlich. Seit Generationen wissen die Dorffamilien, was im Sommer, was bei Beginn des Monsuns und was nach Ende des Regens auf den Feldern zu tun ist; das gilt wie eherne Gesetze. Die Bauern bringen es fertig, eine ganze Nacht auf dem Feld zu wachen, um Wasser darauf zu leiten, und am nächsten Morgen mit Kraft weiter zu schaffen. Doch was nicht unmittelbar lebenswichtig ist, was sie nicht von Kind auf mit Entschlossenheit anzupacken gewohnt sind, das lassen sie häufig nach einigen Versuchen, die missglücken, liegen. Dann greifen Lethargie und Gleichgültigkeit nach ihnen.

Menschen aus armen Verhältnissen, die in der ersten Generation Schulerziehung erhalten haben, die sogenannten *first-generation-learners*, werden von diesem paradigmatischen Wechsel, diesem evolutionären Sprung vom analphabetischen Dasein zur Alphabetisierung, für ihr gesamtes Leben geprägt. Mögen sie beruflich und wirtschaftlich noch so erfolgreich sein, sie leiden unter einem Mangel an Selbstbewusstsein und Sicherheit, als besäßen sie nur eine Gastrolle in der gebildeten Mittelstandsgesellschaft, in die sie nun aufgestiegen sind. Die Menschen, die aus Familien mit langem Bildungshintergrund stammen, werden ihr Selbstwertgefühl auch bei momentanen Schwächen und Fehlleistungen nicht so rasch verlieren. Es zeigt, wie schwer und langwierig es für jene ist, die von Kindheit an die Armut geschmeckt haben, diesen Geschmack zu verlieren.

Schulbildung soll den praktischen Verstand dazu trainieren, über die Erfahrungen der fest gefügten, engen Welt von Familie und Dorfleben hinaus zu denken, zu fühlen und zu handeln. Durch deduktive, kombinatorische und vergleichende Verstandesleistungen sollen junge Menschen fähig werden, ihre Erfahrungen zu ordnen und Schlüsse für Wissensgebiete außerhalb ihrer unmittelbaren Erfahrungen zu erwerben. Dass es zum Beispiel Lebensgewohnheiten außerhalb ihrer eigenen, essenswerte Nahrung außer Reis und Dal, Heiratsgebräuche außer denen ihrer Gruppe gibt, das sind wesentliche Einsichten, die sie aus dem Gefängnis einer konservativen, starr konformistischen Lebenseinstellung herausführen können.

Erst viel später, erst als junge Erwachsene erleben sie Schulbildung auch als eine Erweiterung des geistigen Horizonts. Dann erfahren die Schüler und Schülerinnen, dass es Himmelsrichtungen gibt und in jeder Richtung andere Länder und Kontinente liegen, die durch Flüsse, Gebirge und Meere von ihrem Land getrennt sind; dass es eine Geschichte gibt, in ihrem Land ebenso wie in diesen anderen Ländern, und eine Musik und Kunst, die anders ist als die ihre, aber trotzdem Musik und Kunst ist. Diese Vergleiche geben oft Anlass dazu, dass die Schüler und Schülerinnen ihre ursprünglich starr konservativen Wertvorstellungen relativieren; dass sie ihre eigene Kultur mit neuen Augen sehen, sie schätzen lernen, ihre Einzigartigkeit erkennen und deren besondere Fähigkeit, sie zu trösten und zu erfreuen.

Allerdings bewirkt Schulbildung in dieser Phase auch unwillkommene Reaktionen, nämlich dass junge Menschen, die durch Schulbildung in den indischen Mainstream eingeführt wurden, beginnen, sich ihrer dörflichen Lebensweise und Kultur zu schämen und sie vernachlässigen, weil sie sie als minderwertig und primitiv empfinden. Bildung kann nicht nur den geistigen Horizont erweitern, sie kann die Menschen auch hochmütig, herrisch und gegenüber den „Ungebildeten" herablassend machen. In unseren Dörfern heißt es, wer einmal (nach der zehnten Klasse) den Schulabschluss bestanden habe, der sei „für den Pflug verdorben". Junge Männer mit Schulbildung wollen keine Handarbeit mehr leisten wie ihre analphabetischen Väter. Auch wenn sie bisher keine Anstellung in einem Büro bekommen haben, also weiterhin wirtschaftlich von der Familie abhängen, weigern sie sich, auf den Feldern für ihre Familie zu arbeiten. Frustriert können sie weder die geistigen noch die wirtschaftlichen Früchte ihrer Bildung ernten und fallen der Familie zur Last.

Viele gebildete junge Männer wandern in die Städte ab, weil es nicht ihrem Gefühl für soziales Prestige entspricht, weiterhin in einer Lehmhütte zu wohnen und unter einer Wasserpumpe zu baden. Für die Dorfgemeinschaft, die diese Jungen jahrelang in ihrem Streben nach Erfolg unterstützt hat, geht deren Potenzial verloren; das Dorf hätte doch durch den begleitenden Rat eines gebildeten Dorfjungen einen bedeutenden Entwicklungsschub erreichen können. Die gebildeten Mädchen werden aus ihren Dörfern weggeheiratet; ihre gebildeten Ehemänner ziehen auch die Stadt vor, und das Ehepaar baut sich seine Existenz weit entfernt vom gesellschaftlichen und emotionalen Einflussbereich des Heimatdorfes auf.

Es gibt auch Beispiele von jungen Männern, die nach einer erfolgreichen Schul- und Collegeausbildung außerhalb des Dorfes eine Anstellung bekommen, aber mit dem Gehalt ihre gesamte Großfamilie im Dorf unterstützen. Unter enormen persönlichen Opfern sorgen sie dafür, dass ihre jüngeren Brüder und Schwestern, ebenso die Kinder der älteren Brüder, auch eine Schule besuchen und dass die Mädchen der Familie mit Hilfe einer angemessenen Aussteuer Männer heiraten, die ihre Familien ernähren können. Wie viele Männer verzichten sogar selbst auf die Ehe, damit genug Geld für die jüngeren Geschwister bleibt, um sie zu unterstützen.

Zum Beispiel Jaykrishna

Er war der intelligenteste von sieben Geschwistern und schaffte es durch bloße Willenskraft und mit Hilfe von Stipendien bis zu einem College-Abschluss. Als Mitglied einer niederen Kaste, die von der Regierung durch ein Quotensystem bevorzugt wird, bekam er sogar ohne lange Suche und Wartezeit einen kleinen Job bei der westbengalischen Regierung. Er wurde *clerk.* Aber sein Gehalt war fünfmal höher als das eines Tagelöhners. Jaykrishna schrieb schon als College-Student gern Gedichte und Kurzgeschichten, steuerte zur College-Zeitschrift bei und las vor seinen Kameraden im Studentenheim Gedichte von Rabindranath Tagore vor. Sein Regierungsstipendium reichte nicht aus. Um die notwendigen Bücher zu kaufen, um das Geld für die Fahrt zum Dorf, das er zweimal im Monat besuchte, zu verdienen, gab er abends einigen jungen Schülern Nachhilfeunterricht. Das war sein Leben; er war ein fröhlicher junger Mann. Als er begann, Geld zu verdienen, begann sein Vater bei jedem Dorfbesuch davon zu reden, dass Jaykrishna eine Frau brauche. Er zählte an seinen groben Bauernhänden ab: Schule, Gehalt, als nächstes: eine Frau. Unwillig, aber gehorsam, heiratete Jaykrishna die Schwester seines besten Freundes im Dorf, der ihn dazu drängte und nötigte. Der Freund, selbst aus einfachsten Verhältnissen, wusste, dass er auf diese Weise seine Schwester ohne Aussteuer verheiraten konnte. Das Mädchen war von kleinem Wuchs, unansehnlicher Erscheinung und ohne Schulbildung – eigentlich keine Partie für Jaykrishna. Doch er willigte ein, aus Gefälligkeit und um des Familienfriedens willen, eine Aussteuer verlangte er nicht.

Als er sein erstes Gehalt bekam, ging er ins Dorf und bot es, als guter Sohn, seiner Mutter an. Sie kaufte für sich einen Sari, das heißt, sie bat eine Tochter, ihn zu kaufen, weil sie selbst noch nie den Markt besucht hatte. Mit dem Rest des Geldes veranstaltete Jaykrishna ein kleines Fest für die Familie. Dieses Fest zeigte allen in einem freudigen Sturm der Erleichterung: Jetzt ist Geld in der Familie! Es dauerte nicht lange, bis Jaykrishna mit Forderungen überhäuft wurde. Dieses Kind brauchte ein neues Hemd; das einzige war zerrissen. Jene Schwiegertochter hatte Zahnschmerzen und musste zum Arzt gebracht werden, der 200 Rupien für das Zähneziehen verlangte. Der Vater spielte mit dem Gedanken, das Feld, das sich seinem anschloss und zwei seiner Feldstücke verbinden würde, zu kaufen. Der kleine Streifen Erde würde „nur" zehntausend Rupien kosten, „wenn es hoch kommt"…

Die Forderungen rissen nicht ab und überstiegen jedes Maß. Hatten sie nicht alle zusammen in der Großfamilie dafür Opfer gebracht, dass Jaykrishna die Schule, dann das College besuchen konnte? Das war zwar eine höchst eigenwillige Interpretation der Wahrheit (denn vor allem hatten ihn seine Nachhilfestunden und die Stipendien durchgebracht), doch Jaykrishna brachte es nicht fertig, ihnen zu widersprechen. Er gab Geld und noch mehr Geld und noch mehr. Seine Frau war ärgerlich und glaubte, sie komme zu kurz. *Sie* kochte doch für ihn, sie fegte und putzte das Haus! Wann hatte sie den letzten Sari von ihm bekommen? Wann zuletzt ein bisschen Schmuck? Hatte sie keine bessere Seife verdient?

Jaykrishna gab nicht wahllos, sondern mit Bedacht, und er kontrollierte genau, wie sein Geld ausgegeben wurde. Über Jahre hinweg half er den Jüngeren beim Studium und ging den Gründen nach, wenn sie schlechte Noten nach Hause brachten. Weil er die Situation der Armut sehr genau kannte, konnte er seine Hilfe jahrelang genau und streng einsetzen. Darum fruchtete sie auch. Fast alle Kinder der Familie wurden gute Schüler und viele sogar Studenten. Es ging aufwärts mit der gesamten Familie. Für sich selbst konnte er aber nichts aufbauen. Obwohl er beruflich die Karriereleiter emporstieg, wohnte er mit seinen drei Kindern weiterhin in einer Dreizimmer-Wohnung zur Miete. Seine Frau stritt mit ihm.

Sein älterer Bruder, ein Bauer, der nur zwei Schulklassen besucht hatte und inzwischen nicht mehr wusste, wie man A und B schreibt, hatte zwei, drei Jahre vor Jaykrishna geheiratet. Seine Frau brachte fast jedes Jahr ein Kind zur Welt, sieben Kinder insgesamt. Jaykrishna schüttelte den Kopf; er zitterte vor Empörung und Sorge. Aber seinem älteren Bruder konnte er nicht sagen: Hör endlich auf! Wie willst du so viele Münder füttern? Er sagte es nicht, weil es gegen die Familientradition verstoßen hätte, dem Älteren zu befehlen oder einen Vorwurf zu machen. Aber Jaykrishna musste Milchpulver kaufen, weil die Muttermilch nicht ausreichte. Später schickte er alle sieben Kinder zur Schule, kaufte ihnen Hemden oder Röcke und sorgte für sie bei Krankheiten und Unfällen – und rieb sich selbst immer weiter auf.

Noch nie hat Jaykrishna Urlaub gemacht. Gedichte schreibt er schon lang nicht mehr, seine letzte Kurzgeschichte hat er vor zwanzig Jahren veröffentlicht. Er stellt, obwohl College-Absolvent, die Familientraditionen nicht so radikal infrage, wie er vielleicht müsste. Der Beamte, mittlerweile fünfzig Jahre alt, weiß, dass die dörflichen Traditionen nicht aus der Armut herausführen. Aber er kann nicht anders handeln, weil er sich tief an die Hierarchie der Familie gebunden fühlt, die auch durch sein hohes Gehalt sowie die Macht, die ihm dadurch zukommt, nicht gebrochen ist oder sich ändert. Erst die Kinder, denen er Schule und Studium ermöglichte, werden wohl den Sprung zu einem Leben finden, das realistisch einen Ausgleich zwischen Tradition und moderner Lebensauffassung wählt.

Einzig und allein Schulbildung kann die indische Gesellschaft dazu antreiben, anstatt traditionell zu bleiben, moderne, entwicklungsfreundliche Werte zu akzeptieren, die die gesamte Welt in den Blick nehmen. Kulturelle und religiöse Werte und die Wertschätzung der Familie sollen durchaus nicht vernachlässigt oder gar von modernen Werten ersetzt werden. Doch müssen sie genügend wandlungsfähig sein, um Entwicklungen aus der materiellen und mentalen Armut zu erlauben. Die erste Generation der schulisch Gebildeten ist noch zutiefst in diesem Kampf zwischen Moderne und Tradition befangen und sucht einen schwierigen Mittelweg. Belastet von der konservativen Starrheit der Tradition, ringt sie um die materiellen und geistigen Güter des modernen Lebens. Nicht selten verfällt sie jedoch einem gierigen Materialismus und vergisst ihr Dorf, ihre Eltern und die Not so vieler Familienmitglieder.

Charakterstarke Menschen finden einen kreativen Mittelweg. Es gibt allgemein Anzeichen, dass in der zweiten Generation die Entscheidungen zugunsten eines Lebens mit modernen, entwicklungsfreundlichen Werten fallen.

Ehe und Job – die Suche nach Sicherheit

Heiraten ist ein Tauziehen zwischen Tradition und Moderne

Neben der Schulbildung ist eine zweite gesellschaftliche Institution entscheidend bei der Frage, ob sich die Gesellschaft aus der Armut herausentwickeln kann: die Ehe.

Bis heute ist es üblich, dass die Eltern für ihre Tochter oder ihren Sohn einen Ehepartner aussuchen. Er soll aus derselben Kaste und Unterkaste, demselben gesellschaftlichen Milieu sein, das Horoskop der beiden muss zusammenpassen und das Bildungsniveau ähnlich sein. Die Vorstellung der Eltern, dass ihre Kinder noch zu unreif sind, um ihre Partner auszuwählen und dass Verliebtheit kein solides Fundament für eine Ehe sei, hat zu diesem System geführt. Ein solides Fundament sei einzig die soziale Kompatibilität zwischen den beiden jungen Menschen und ihren Familien. Keine Sorge!, behaupten die Eltern, Liebe entsteht später …

Gebildete Jungen und Mädchen heiraten im Allgemeinen erst nach ihrem Schul- oder College-Abschluss, wenn sie 25 Jahre oder älter sind. Menschen jedoch, die ohne Schule aufgewachsen sind, werden bald nach der Geschlechtsreife verheiratet; sie sind sechzehn bis achtzehn Jahre alt. Sie verlassen sich willig auf das Urteil ihrer Eltern, zumal sie von der eigentlichen Bedeutung ehelicher Partnerschaft noch keine Vorstellung haben. Jedoch die Älteren, die sich durch ihre Bildung ein eigenes Urteilsvermögen, einen eigenen Geschmack angeeignet haben, nehmen das Diktat der Eltern nicht mehr fraglos an. Sie wollen den Partner, den die Eltern ausgesucht haben, genauer kennenlernen und das Recht haben, ihn abzulehnen; oder sie beanspruchen, selbst einen Partner zu wählen.

Zum Beispiel Jaiprakash, ein junger Mann aus Bihar. Er wohnt in Kalimpong, einer kleinen Stadt im Himalaja. Als er noch sehr jung war, ist sein Vater, ein analphabetischer kleiner Geschäftsmann, auf der Suche nach besseren Einnahmequellen mit ihm in diese Stadt gezogen. Jaiprakash war noch ein Schüler, als er jeden Morgen vor dem Unterricht auf dem Markt Gemüse verkaufte, um sich seinen Reis und *Dal* zu verdienen. Später gab er Nachhilfeunterricht an Jüngere und betrieb eine Agentur für Elektrowaren, die er aus der Großstadt in der Ebene auf einem Lieferwagen in die Berge schaffte – er selbst hockte auf der Ladefläche und hielt mit ausgestreckten Armen die Pakete fest. Jaiprakash hatte die kecke Energie eines Jungen, der wusste, dass ihm nichts in die Wiege gelegt worden war: Er musste sich Schritt für Schritt durchkämpfen. Seine Prüfungen waren gut, vor allem für Mathematik hatte er eine rasche Auffassungsgabe.

Er konnte aufatmen, als er mit 23 Jahren einen gut bezahlten Job in einem privaten *Business College* bekam. Nun konnte er seine gesamte Familie versorgen, die mit Jaiprakash auflebte: seine Mutter im Heimatdorf in Bihar, seine jüngere Schwester, die eine Aussteuer brauchte, um zu heiraten, seinen Bruder, der noch in einem College in Patna studierte und sich gleichzeitig schon auf Jobjagd befand. Alle brauchten Geld zum Leben, allen schickte Jaiprakash jeden Monatsanfang eine Anweisung. Und dabei blieb der Junge fröhlich und höflich und erklärte allen, das Leben mache ihm einen Riesenspaß. Immer noch wohnte Jaiprakash, mittlerweile Ende zwanzig, mit seinem Vater in einem kleinen, dunklen, unordentlichen Zimmer zusammen; so sparten sie Geld. Der Vater verkaufte tagsüber an den Teelädchen entlang den Straßen kleine Säckchen mit pulverisierten Teeblättern. Das kärgliche Einkommen reichte gerade für die Zimmermiete; das Geld fürs Essen legte Jaiprakash drauf. Was für ein guter Sohn er war!

Bald nachdem Jaiprakash Lehrer im College wurde, begann der Vater seinem Sohn in den Ohren zu liegen: Jetzt kannst du heiraten … Jetzt *musst* du heiraten!

Zuerst sollten wir meine Schwester verheiraten, das kostet viel Geld!, antwortete Jaiprakash.

Der Vater drängte weiter.

Du willst doch ein Haus in unserem Dorf bauen, antwortete Jaiprakash. Das kommt zuerst dran, damit du endlich zur Mutter ziehen kannst und ihr euer Alter zusammen genießen könnt.

Das nächste Mal antwortete er: Zuerst soll mein Bruder seinen College-Abschluss machen und einen Job finden, damit er mir nicht mehr auf der Tasche liegt. Dann komme ich dran.

Der Reihe nach suchte der Vater mehrere Bihari-Mädchen aus, alle aus seiner Kaste. Jaiprakash fand gute Gründe, sie abzulehnen. Er wusste genau, dass sein ausgeklügelter Finanzplan umkippen würde, wenn er jetzt heiratete. Er würde ein zweites Zimmer mieten müssen und alles zusammenkaufen, was ein Haushalt so brauchte, musste die Wünsche seiner jungen Frau und der Schwiegereltern erfüllen. Der Vater schaute einäugig nur aufs „Familienprestige", das er gefährdet sah, weil ein fast dreißigjähriger Mann unverheiratet blieb. Was würde mit dem Familienprestige geschehen, wenn Jaiprakash seine Schwester nicht verheiraten könnte? Nicht auszudenken! … Aber so weit reichten die Überlegungen des Teehändlers nicht.

Dann kam der Tag, an dem der Vater eine neue Kandidatin erspäht hatte. Der Vater riet: Fahre nach Patna und schau sie dir an.

Mir gefällt ihr Foto nicht, murrte Jaiprakash, der romantische Fantasien vom Heiraten nährte.

Du musst sie dir zumindest anschauen!, befahl der Vater.

Jaiprakash gab zum ersten Mal nach und trat eine Lawine los. Als „guter Sohn“ war sein Weg vorgezeichnet.

Wenn du sie angeschaut hast, *musst* du sie auch heiraten, stellte der Vater auf der Reise kategorisch fest.

Er fuhr, natürlich mit dem Vater, nach Patna und besuchte die junge Frau und ihre Familie.

Er bat sich zwei Tage Bedenkzeit aus.

Du musst *jetzt* sagen, dass du sie heiratest!

Auf der Rückfahrt sagte sich Jaiprakash niedergeschlagen, dass er immerhin sein Versprechen rückgängig machen könne. Die Heirat sollte erst in einem Jahr stattfinden. So war es ausgemacht worden.

Zuerst will ich einen besseren Job finden, bat Jaiprakash. Der Vater begann zu schimpfen und zu schreien, es war nicht das erste Mal.

Im *Herbst* wirst du heiraten, hast du gehört!, beschloss er.

Aber das ist zu früh! Ich muss zuerst …

Nichts musst du!

In die kleine Gebirgsstadt zurückgekehrt, gedemütigt, gebrochen, wollte Jaiprakash nicht mehr im selben Zimmer mit seinem Vater wohnen. Er wollte allein sein, weg von den Beleidigungen seines Vaters. Ein Lehrer im College bot ihm ein leer stehendes Zimmer in seiner Wohnung an. Jaiprakash sagte zu. In zwei Tagen werde er umziehen.

Zwei Tage später hatte er anders entschieden: Ich werde doch im Herbst heiraten, verkündete er kleinlaut. Da will ich mich mit meinem Vater nicht überwerfen.

Der analphabetische, unbeweglich an den Traditionen festhaltende Vater hatte über den modern erzogenen und liberal empfindenden Sohn gesiegt, ihn systematisch in die Knie gezwungen. Ist es ein guter Anfang für eine Ehe?

So und ähnlich wird eine Heirat zum Testfall für die Entwicklung der Gesellschaft. Bleibt die Eheschließung einer konservativ-analphabetischen Tradition verhaftet – oder kann sie Bestandteil einer aufgeklärten Lebensweise werden? Sind wirtschaftliche und rationale Überlegungen Teil der Heiratspläne, oder wird die Hochzeit nur als grandiose Augenwischerei für die Gesellschaft veranstaltet, während danach die Familie in den Ruin stürzt?

Arme fühlen sich getrieben, Feste in einer Weise zu feiern, die ihre wirtschaftlichen Verhältnisse weit übersteigen. Sie investieren an diesen Höhepunkten ihres Lebens einen Überschuss an Selbstliebe, um die Demütigungen ihres sonst so ereignislosen Lebens zu kompensieren. Die Söhne und Töchter können diesen leidenschaftlichen Wünschen der älteren Generation nicht immer widerstehen und zementieren auf diese Weise die mentalen Fundamente der Armut für eine weitere Generation.

Die Sehnsucht nach Sicherheit

Junge Menschen, die die Schule mit Erfolg besucht haben, fühlen sich erst am Ziel, wenn sie eine Anstellung bekommen haben und Geld verdienen. Schulbesuch wird selten als Bereicherung *per se* gesehen, sondern als ein Mittel zu einer Anstellung. Gute Noten, genügend „Nummern" oder „Prozente" zu bekommen ist die Voraussetzung, dass sie auf dem Jobmarkt eine Chance haben. Sich unter dem gesichtslosen Millionenheer von Jobsuchern zu profilieren ist für junge Menschen aus den Dörfern eine geradezu aussichtslose Herausforderung. Sie wollen nur *irgendwie irgendeinen* Job ergattern, um sich zu ernähren und mitzuhelfen, die Familie zu ernähren. Sie haben keine Präferenz, entweder Schreiner oder Klempner zu werden, Uhrmacher oder Verkäufer in einem Geschäft. Sie achten auch nicht auf ihre Veranlagung, weil sie wissen, dass der Markt nicht an ihren Wünschen interessiert ist. Die meisten kennen ihre Talente nicht einmal und können sie darum nicht entwickeln.

Ihr Wunsch richtet sich starr und geradezu fanatisch auf das eine Traumziel: auf eine *feste* Anstellung. Am besten soll es irgendein kleiner Job bei der Regierung sein. Wer den kriegt, der hat für sein Leben ausgesorgt; am Ende des Arbeitslebens wartet eine Pension bis zum Tod. Diese Sicherheit suchen alle, die eine Schule besucht haben. In welchem Büro sie arbeiten, welche Arbeit sie verrichten, solche inhaltlichen Fragen werden selten aufgeworfen. So viele Menschen tauschen bedenkenlos lebenslange Sicherheit gegen Sinnerfüllung, gegen Entfaltung eigener Talente, gegen Kreativität ein. Am Tag, an dem das Anstellungsschreiben der Regierung ins Haus kommt, werfen sie alles hin und beginnen ihre Arbeit im Büro. Sie wissen, dass sie sich kein Bein ausreißen müssen. Sie können verspätet kommen, ein paar Tage fehlen, sich krankmelden – so machen es doch alle. Der Scheck am Monatsende ist trotzdem gesichert. Sie hocken in ihren oft so dunklen, schmierigen, schäbigen Bürozimmern, oft untätig, müssen sich die demütigende Zänkerei der Vorgesetzten anhören, sie werden eins mit dem Schlendrian, der Korruption und dem unaufhörlichen Geschrei der vielen Angestellten und Kunden, nur damit sie am Monatsende ihren Scheck in die Hand bekommen.

Diese Gier nach einem Regierungsjob ist die Reaktion der Armen auf ihre tiefe Lebensangst und Unsicherheit. Sie haben nicht gelernt, sich selbst etwas zuzutrauen und zuzumuten – zum Beispiel sich als kleine Geschäftsleute etwas aufzubauen –, sie haben von ihrer Umgebung nicht gelernt, dass Dynamik und harte, ehrliche Arbeit zu greifbaren Ergebnissen führt. Ihr eingefleischtes Gefühl der Minderwertigkeit flüstert ihnen ein, dass sie ihr Leben nur weiterleben können, wenn sie, nach zehn oder zwölf Jahren Schule, eine Prüfung ablegen, um den Rest ihres Lebens Laufbursche in einem Büro oder Grundschullehrer zu sein. Visionen eines nützlichen und idealistischen Lebens können sich in einem solchen Klima der elementaren Lebenssicherung nur selten entfalten.

Zum Beispiel Lina: Sona heiratete das schlanke Santal-Mädchen mit den festen Gesichtszügen. Lina war aus einem entfernten Dorf nach Ghosaldanga gekommen, um dort als Kindergärtnerin zu arbeiten. Für einen bescheidenen Lohn scharte sie morgens die Kinder um sich, bastelte mit ihnen und erzählte ihnen Geschichten. Nach und nach wuchs sie auch in andere Aufgaben hinein. Sie besuchte Kurse in Naturheilkunde und Erste Hilfe und wurde die erste Gesundheitshelferin des Dorfes. Zahlreichen Menschen im Dorf stand sie in deren Krankheit bei, sie verband Wunden, verabreichte Medikamente, die die Armen nicht regelmäßig einzunehmen wissen, setzte sich neben sie auf die Erde und redete ihnen gut zu, säuberte die Babys, die an Durchfall litten, und sorgte dafür, dass sie genug Wasser tranken. Viele Kranke brachte sie nach Bolpur zum Arzt, lieferte sie ins Krankenhaus ein. Jeden Tag besuchte sie dort ihre Patienten, sprach mit den Ärzten und focht für eine fachgerechte, würdige Behandlung in dem überfüllten Krankenhaus. Im Dorf hielt sie Treffen mit den jungen Müttern ab, um ihnen zu zeigen, wie sie ihre Babys gesund und gut ernährt erhalten, welche Hygieneregeln notwendig sind. Mit einem Wort, sie rettete das Leben und verbesserte die Lebensqualität von zahlreichen Menschen. Ein Leben, das sie hätte tief befriedigen können.

Eines Tages erfuhren wir, dass sich Lina für den Posten eines *Peon* im Büro des *Panchayat*, der örtlichen Selbstverwaltung, beworben hatte und in die nähere Auswahl gekommen war. Ein Peon gehört zur niedrigsten Kategorie von Angestellten in einem Büro. Ein Peon bringt die Akten von einem Tisch zu einem anderen, führt die Anwesenheitsliste und andere Listen, öffnet die Post, kocht Tee für die Beamten, kurz, er verrichtet die anspruchsloseste und am wenigsten geachtete Arbeit. Ich staunte ungläubig und stellte Sona zur Rede. Es stimmte: Lina erwarte von Tag zu Tag ihren Anstellungsbescheid. Ob sie sich Gedanken darüber gemacht habe, wer ihre Arbeit fortführen könne? Ob sich beide bewusst seien, wie viel gute Arbeit nun verloren gehe?

Ich stellte eine Reihe solcher Fragen. Lina verließ von einem Tag auf den anderen das Dorf, versicherte uns allen, sie werde an den Wochenenden weiter für die Menschen in den Dörfern arbeiten. Wir wussten schon damals, dass dieses Versprechen ein leerer Trost war. Seitdem besucht sie die Dörfer nur, wenn sie zu Festen eingeladen wird.

Später gab Lina zu, dass sie das Geld brauchte. Außerdem habe sie in ihrer Arbeit in den Dörfern nicht genug Anerkennung erfahren. Sie war die einzige weibliche Mitarbeiterin in einem größeren Team von Lehrern und Sozialarbeitern. Sie habe darum kämpfen müssen, dass ihre Arbeit ebenso ernst genommen wurde wie die der Männer. Das war der typische kleinherzige Grabenkrieg, in den Lina nicht länger verwickelt sein wollte. Die Anstellung war für sie ein willkommener Ausweg.

Ihre konservative Haltung erlaubt es den Armen nicht, Vorstellungen über ihre Zukunft zu entwickeln. Angefeuert von den surrealen Erfolgsmärchen der Bollywood-Filme, mögen sie entsprechende unreife Fantasien entwickeln, doch von ihrem Leben zu diesen Wünschen gibt es keine Brücke. Den meisten Armen fehlt die Fähigkeit, sich vorzustellen, dass sie eine Wahl haben. Daher können sie auch nicht die Dynamik entwickeln, bestimmte Pläne zu entwerfen und sie dann Schritt für Schritt umzusetzen. Sie haben von ihren Eltern und ihrer Umgebung nie mehr gelernt, als bestenfalls einen Schritt im Voraus zu planen. Viele Arme könnten sich mit geringen materiellen Mitteln ein erträgliches Leben mit einem recht gesicherten Einkommen erringen, hätten sie die innere Kraft, einen einmal festgelegten Plan hartnäckig zu verfolgen. Stattdessen bleibt die Wahl meist nur zwischen dem Beruf des Vaters und irgendeiner Anstellung.

Die Armen treibt eine impulsive, verzweifelte Spontaneität. Sie strecken sich nach den kleinen Brocken, die sie *heute* auffangen können, versuchen da und dort und überall etwas für einen raschen, möglichst geringen Einsatz an Arbeit zu fassen. Sie sind zu schwach, auf die kleinen Brocken zu verzichten, um etwa nach gesammelter Vorbereitung *morgen* eine Arbeit mit würdigem Lohn zu erhalten.

Wenige Mädchen und Jungen aus den Dörfern sind zum Beispiel bereit, ein Handwerk zu lernen. Es würde bedeuten, zwei Jahre ohne nennenswerten Lohn arbeiten zu müssen. Danach aber wäre ein gutes Einkommen relativ sicher. Als Lehrlinge verdienen sie vielleicht nur ihr Essen; nach der Lehrzeit aber nehmen sie mit ziemlicher Regelmäßigkeit nicht weniger als täglich zweihundert Rupien ein. Stattdessen gehen sie lieber als Tagelöhner auf die Baustellen, stecken am Abend 70 oder 80 Rupien in die Hosentasche und nehmen in Kauf, dass sie allenfalls die Hälfte des Monats Arbeit haben. Den Rest der Zeit lungern sie stumm auf Arbeit wartend herum und setzen sich nachmittags in die schmierigen Dorfkneipen. In der Dunkelheit taumeln sie singend in ihr Dorf zurück. Menschen in den Dörfern ist der landwirtschaftliche Zyklus im Blut. Von der Aussaat bis zur Ernte wächst und reift der Reis etwa vier Monate lang. Sollen sie eine längere Zeitspanne überblicken, werden die Menschen mit Unsicherheit und Unbehagen erfüllt; ihre Fantasie kann diese Zeitschwelle nur schwer überschreiten. Darum erscheint die Vorstellung, zunächst ein oder zwei Jahre ohne Lohn zu arbeiten, den jungen Menschen als eine unerträgliche Investition von Zeit und Arbeitskraft.

Zum Beispiel Balui

Sona schickte Balui nach seinem Schulabschluss zu einer Schneiderlehre in der Nähe von Kalkutta. Der junge Mann brauchte nichts zu bezahlen, er sollte sich aufs Lernen konzentrieren. In dieser Zeit besuchten wir Balui mehrmals, um sicher zu sein, dass er kein Heimweh bekam und sich auf die städtischen Lebensgewohnheiten umgestellt hatte. Es ging gut, denn er blieb tatsächlich sechs Monate in Kalkutta und kam als ausgebildeter Schneider ins Dorf zurück. Dort wollte der Vater ihn aufs Feld schicken, und Balui folgte gehorsam. Dort hörte er den Reden der Nachbarjungen zu.

Eine Schneiderei in Ghosaldanga?

Wer wird bei uns schon ein Hemd bestellen?

Wir kaufen nur dieses billige *ready-made*-Zeug vom Markt.

Deine Hütte liegt nicht an der Straße. Wer wird schon dein Geschäft entdecken?

Wo willst du eine Nähmaschine herkriegen?

Wer selbst keine Ideen hat, überhäuft die anderen gern mit negativen Gedanken. Balui selbst hatte auch keine Idee, wie es weitergehen sollte. Doch Sona beschaffte ihm eine gebrauchte Nähmaschine und stellte sie auf Baluis Veranda. Balui saß da und wartete; selbst sein Vater verspottete ihn ärgerlich. Nach drei Tagen ging Balui wieder aufs Feld. Die Feldarbeit kannte er, bei ihr fühlte er sich aufgehoben.

Du musst da sitzen, wo Leute vorbeikommen, wo man dich sieht!, drängte Sona.

Balui murmelte etwas. Vermutlich hieß es: Und wo kommen Leute vorbei?

Ich schaue mal, erwiderte Sona, ob du in Tetultola einen Platz bekommst, okay?

Tetultola heißt eine Straßenkreuzung anderthalb Kilometer von Ghosaldanga entfernt. Dort hält auch der Bus, darum hatte sich schon ein Teeshop etabliert und ein Gemüsestand. Dort war Platz für eine Bude aus Bambusstangen für Balui. Die anderen mussten nur damit einverstanden sein. Sona sagte:

Helft einem jungen Santal, der sich sein Leben aufbauen will.

Sie waren großzügig. Aber Balui hatte Angst, sich in Tetultola niederzulassen. Würde er, ein Santal-Junge, dort nicht ignoriert, vielleicht sogar angefeindet werden?

Da gehe ich nicht hin!, murrte er. Es war die übliche Reaktion: aufgeben, bevor man überhaupt etwas versucht hatte. Sona brauchte drei Monate, bis er Balui überzeugt hatte, es wenigstens einmal zu versuchen. Er selbst belud einen Ochsenkarren mit Bambusstangen und Stroh und beaufsichtigte den Bau der Schneiderei. Dort saß er zwei oder drei Tage, und beinahe jeder, der vorbeikam, sprach ihn an, stand herum und fragte ihn aus und ließ sich die Hemden und Hosen zeigen, die er als Probe seiner Nähkunst mitgebracht hatte. Sona besuchte Tetultola jeden Mittag, um sich davon zu überzeugen, dass Balui noch nicht abgehauen war.

Nach einer Woche hatte er noch keine Aufträge bekommen, doch man sprach über Balui, der in der Großstadt ausgebildet worden sei, Balui, ein Santal-Junge! Schließlich kamen die Aufträge. Und nachdem die ersten Stücke fertig genäht waren, erhielt Balui weitere Aufträge. Zunächst hatte er auch in seiner Bude übernachtet, damit die Nähmaschine nicht geklaut wurde. Nur mittags fuhr er auf dem Rad rasch ins Dorf, um bei seiner Mutter zu essen. Abends kochten die Freunde im Teeshop ein gemeinsames Mahl. Balui verdiente, und es dauerte keine drei

Jahre, da konnte er in Ghosaldanga in Straßennähe ein Stückchen Land kaufen und einen Laden bauen, aber einen aus Ziegelsteinen und mit einem Wellblechdach. Und mit einem großen bunten Namensschild an der Tür!

Die Armen brauchen Menschen, die – wie Sona, wie Jaykrishna – aus der Armut heraus ihr Leben gestaltet haben und nun bereit sind, jüngere Menschen resolut auf demselben Weg planvoll Schritt für Schritt zu begleiten. Die Familie, die Dorfgemeinschaft und die Schule sind unverzichtbar für arme Menschen. Doch die eigentlichen Verursacher einer Entwicklung sind solche selbstlosen und verantwortlichen Menschen, die ihre eigene Kariere und ihren Wohlstand aufs Spiel setzen. Damit betreten wir schon das Gebiet unseres nächsten Kapitels.

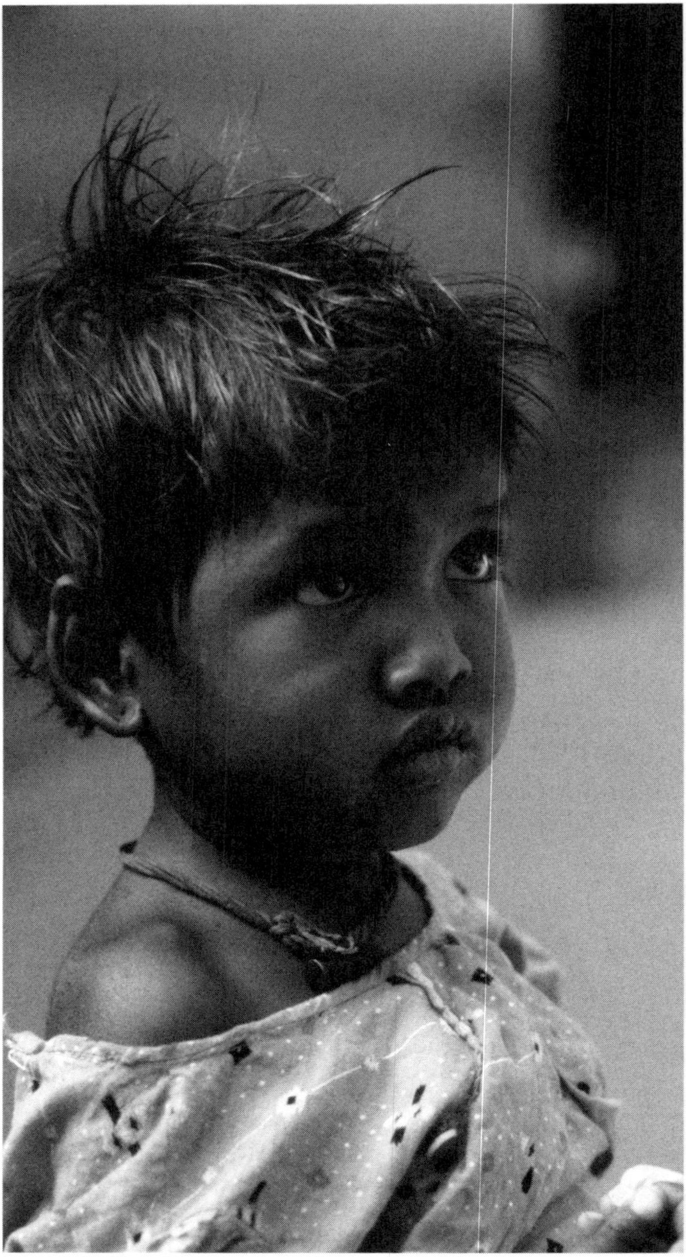

Bildlegenden

S. 91: Der Dorfplatz von Ghosaldanga, von dem heiligen Baum überragt, in dessen Wurzeln der Häuptling und der Priester des Dorfes die rituellen Opfer der Santals feiern. Der Platz dient zu Versammlungen, gemeinsamen Speisungen und Festen. (Foto Thomas Kämpchen)

S. 92–93: Die Menschen leben vorwiegend auf den Höfen vor ihren – meist fensterlosen – Lehmhütten. Der Hof ist ihr Arbeitsplatz und ihr „Wohnzimmer". Dort ruhen sie sich auch auf ihren Bettgestellen aus. (Foto Thomas Kämpchen)

S. 94–95: Auf der Veranda der Lehmhütten befindet sich meist die Kochstelle, die von dem überhängenden Strohdach vor Regen und Wind geschützt wird. Bis heute suchen die meisten Frauen trockenes Laub, Zweige und altes Stroh für ihr Kochfeuer. (Foto Thomas Kämpchen)

S. 96–97: Eine Santal-Familie auf ihrem Hof. Das Bild zeigt die emotionale Wärme, die die Menschen im Dorf verbindet. Zu ihrem Leben gehören auch die Haustiere und die Nähe zur Natur. (Foto Samiran Nandy)

S. 98 und S. 99: Kinder in Ghosaldanga. (Fotos Thomas Kämpchen)

S.100–101: Ein Leben ohne Feste wäre wirklich arm! Trotz aller Entbehrungen versuchen die Santals, die Begeisterung und den Schwung ihrer farbenfrohen Feste aufrecht zu erhalten. Sie sind das Zentrum ihres Lebensgefühls. Die Feste des landwirtschaftlichen Jahreskreises dienen dazu, dass die Menschen ihren Ort in Natur und Kosmos finden und feiern. Hier ein Foto vom Frühlingsfest (Baha), das auf dem Sportplatz vor dem Dorf mit traditionellen Tänzen, Liedern, Theater und Spielen für die Kinder, viel Reisbier und Geselligkeit gefeiert wird. Einen Teil der Mittel dafür stellt die Dorfvereinigung. (Foto Samiran Nandy)

S. 102: Moderne Entwicklung hat bedauerliche Nachteile. Früher schälten die Frauen ihren Reis auf diese sehr anstrengende Weise, wobei die nahrhaften Häute erhalten blieben. Heute bringen die Bauern ihre Säcke mit Reis ins Nachbardorf zur elektrischen Mühle, die den minderwertigen „weißen" Reis zurücklässt. Diese Methode ist rascher und bequemer. Bisher haben sich die Bauern nicht zur Rückkehr zu dem nahrhaften Reis entschließen wollen. (Foto Thomas Kämpchen)

2 Was können wir gegen die Armut tun?

Zwei Geschichten

Sundori ist ein Santal-Mädchen aus einem armen Dorf in der Nähe von Santiniketan, siebzehn oder achtzehn Jahre alt. Sie war gerade geschlechtsreif geworden, als sie verheiratet wurde. Ihr junger Ehemann drang in sie ein und schlug sie, wenn sie zu weinen begann, und schlug sie noch heftiger, wenn sie sich losreißen wollte. Tagsüber musste sie putzen und kochen, auf dem Feld mithelfen und Wasserkrüge vom Brunnen zur Hütte schleppen. Nachdem sie ihm abends Reis und Gemüse serviert, danach selbst gegessen hatte, fiel der Ehemann wieder über sie her. Wenn er getrunken hatte, behandelte er Sundori umso brutaler. Ein Jahr hielt sie es aus; dann floh sie zu ihren Eltern, denen nichts anderes übrig blieb, als sie aufzunehmen.

Immer kannst du aber nicht hier bleiben, sagte der Vater schon am ersten Abend. Du musst zu deinem Burschen zurück.

Als Sundori einen Weinkrampf bekam, beruhigten Mutter und Vater sie, und als sie wieder still war, setzte der Vater hinzu: Schließlich haben wir ihn für dich ausgesucht – wir, deine Eltern!

Nach zwei Wochen kehrte sie zurück und wurde von dem betrunkenen Ehemann mit Prügeln empfangen. Seit dieser Zeit bat sie verschiedene nahe und entfernte Verwandte, sie irgendwohin zu schicken, wo sie als Dienerin, als Abwaschfrau, als *irgendwas* arbeiten könne. Jedes Schicksal schien ihr besser als ihr gegenwärtiges. Auch Rathin Kisku, einen Volkssänger und Vater von zwei Söhnen, bedrängte Sundori mehrere Monate lang. Damals wohnte sie wieder bei ihren Eltern und zankte Tag für Tag mit dem Vater, der ihr befahl zurückzukehren. Eine Frau gehört zu ihrem Ehemann!, grollte er. Die Befürchtung, ein Leben lang für die Tochter sorgen zu müssen, machte ihn unbarmherzig und zornig.

Rathin und ich kannten eine alleinstehende, ältere bengalische Frau, die in der Bergstadt Kalimpong wohnt und dringend eine Hilfe im Haushalt suchte. Wir boten Sundori an, sie in die Berge zu begleiten. Ich rief die Bekannte an, die uns willkommen hieß. Wir kauften zwei Garnituren Kleider für Sundori, einen Pullover und ein Paar Schuhe. Rathin bat ihre Eltern um Erlaubnis, die erleichtert waren, das Mädchen loszuwerden. Rathin, Sundori und ich fuhren gemeinsam über Nacht im Zug an den Fuß des Himalaja und dann im Jeep weiter hinauf nach Kalimpong. Dort begrüßte uns die Bekannte, und Sundori wurde aufgenommen. Sie sollte im Haushalt und im großen Garten mitarbeiten. Die Atmosphäre im kleinen Haushalt war angenehm, unsere Bekannte schrie Sundori nie an, sprach nie herablassend mit ihr. Rathin und ich blieben mehrere Tage in Kalimpong und besuchten das Mädchen jeden Nachmittag, um ihr die Umstellung zu erleichtern. Sie sagte, es gehe ihr gut. Sie wolle ihre Mutter anrufen, sagte sie, und wir halfen ihr dabei mit unseren Mobiltelefonen. Auch ihrer Mutter sagte sie: Hier geht es mir gut.

Bald nachdem wir nach Santiniketan zurückgekehrt waren, fing ihr Heimweh an. Jeden Tag verlangte Sundori, anrufen zu dürfen. Sie wurde trotzig und mochte nicht mehr arbeiten. Am Telefon erfand sie Märchen über ihre schlechte Behandlung. Die bengalische Frau quäle sie und nutze sie aus. Bitte holt mich ab, ich möchte weg!, sagte sie am Telefon. Verärgert und beleidigt bat die Bekannte nun selbst die Familie darum, Sundori wieder heimzunehmen. Eine Delegation von neun Personen fuhr nach Kalimpong, um Sundori zu „retten". Darunter war ein Dorfnachbar, ein Muslim, der Sundori bald danach zu sich nahm. Aber schon nach wenigen Monaten warf er Sundori wieder aus dem Haus. Wo wohnt das Mädchen jetzt? Wir wissen es nicht. Wir sind dankbar, dass unsere Bekannte in Kalimpong uns ihre Freundschaft nicht aufgekündigt hat.

Eine zweite Geschichte von den Armen und ihren Helfern: Robi, ein Junge aus Ghosaldanga, war der fröhliche, sorglose Streithahn des Dorfes. Kräftig gewachsen, nahm er es auch mit älteren Jungen auf. Von der Schule brachte er, ohne sich anzustrengen, recht gute Noten heim. Er segelte durch die Schuljahre, ohne eine Klasse zu wiederholen. An der Hausaufgabenbetreuung am Morgen und Abend nahm er teil, doch unregelmäßig. Er war nicht ernsthaft, engagierte sich weder für Sport noch für die Santal-Tänze. Die Mutter und seine Brüder schickten ihn aufs Feld zum Arbeiten, denn der Vater lebte nicht mehr; deshalb mussten die Brüder gemeinsam den Reis anbauen. Robi ließ sich nicht bitten, denn auch diese Arbeit ging ihm leicht von der Hand. Doch als er die Schulabschlussprüfung bestand, war es plötzlich unter seiner Würde, hinter dem Pflug die Ochsen anzutreiben.

Sona und ich schickten ihn zu einer Mechanikerausbildung nach Kalkutta. Sechs Monate dauerte der Kurs, alles wurde für ihn bezahlt. Er konnte in einem Schülerheim schlafen und ausreichend essen. Es dauerte keine zwei Monate, bis er ins Dorf zurückkehrte. Er hatte sich nicht an die Großstadt gewöhnen können. Wir redeten ihm zu und überzeugten ihn schließlich, es noch einmal zu versuchen. Wieder fuhr Robi nach Kalkutta, und zwar diesmal recht stolz sogar allein, weil er sich inzwischen mit den Zügen und Bussen auskannte. Es half nichts: In einem „Zimmer" – der Toilette – seine Notdurft zu verrichten, anstatt wie bisher im Freien, schien ihm unnatürlich und unakzeptabel. Keine *Biris*, diese scharfen, kleinen Zigarillos, rauchen zu dürfen, was im Dorf jeden Jungen zum Mann machte, war ein zu großes Opfer. Deine Zukunft, Robi!, hatte Sona ihn beschworen. Wir helfen dir weiter, wir vermitteln dich an eine Werkstatt in Bolpur, in der du als Mechaniker Geld verdienen kannst. Die bekommen 200 Rupien am Tag! – Nichts half, Robi kehrte zu seiner Familie zurück, in jene Hütte, in der er geboren und aufgewachsen war.

Wir gaben noch nicht auf. In einem Ashram, etwa zehn Kilometer von Ghosaldanga entfernt, wurden Kurse angeboten. Zum Beispiel eine Schulung in der Reparatur von Motorrädern. Robi würde vom Dorf mit dem Fahrrad hin- und zurückfahren können. Mit Mühe erreichten wir es, ihm einen Platz im Kurs zu sichern. Sein Mittagessen, Reis und ein wenig Gemüse, nahm er in einem Blechkanister mit. Ein paar Wochen später starb plötzlich die Mutter des Kurslehrers, und der Unterricht wurde abrupt unterbrochen. Der Lehrer empfing die Trauerbesuche, nach zwölf Tagen fand die rituelle Trauerfeier statt, schließlich mussten die Veränderungen in der Familie eingeleitet werden, denn einer der Söhne sollte nun zum verwitweten Vater ziehen, damit er nicht allein lebte … Kurz, der Lehrer beendete den Kurs nicht, und wieder kehrte Robi ohne Abschluss nach Ghosaldanga zurück.

Robi fiel missvergnügt in das altbekannte Leben eines Bauern zurück. Die Mutter verheiratete ihn, und das nötigte Robi, mehr zu arbeiten, weil er nun für seine Frau sorgen musste. Also nahm er, wenn es auf den Familienfeldern keine Arbeit gab, Dienste als Tagelöhner an. Anstatt durchs Dorf zu schwärmen, in diesem und jenem Hof zu sitzen und Reisbier zu trinken, verbrachte er nun mehr Zeit in seiner Hütte, weil seine Frau Ansprüche stellte und verlangte, dass ihr Ehemann ein geregelteres Leben führte. Die Liebe zu seiner Frau machte möglich, was Sona und ich, seine Lehrer in der staatlichen Schule und die Nachhilfelehrer in Ghosaldanga nicht geschafft hatten: Robi wurde ruhiger und diszipliniert.

Eine Tochter kam zur Welt. Robi entschloss sich, die Reisbier-Kneipe in Kasba zu meiden. Damit er nicht rückfällig wurde, mied er seine Reisbier-Kameraden im Dorf. Seine Tochter sollte es besser haben als er. Als sie fünf Jahre alt war, brachte er sie zu einer Missionsschule von christlichen Schwestern. Dort wohnte das Kind in einem Heim und lernte die Disziplin und die menschlichen Werte, die

Robi selbst so lange abgewehrt hatte. Robi besuchte mich nun häufig in Santiniketan, während er mich früher eher gemieden hatte. Er brauchte meine Unterstützung für die Erziehung seines Kindes. Ich legte die Hälfte dazu. Nach der vierten Klasse, sagte Robi, wolle er seine Tochter in eine andere Schule schicken. Dort solle sie besseren Nachhilfeunterricht bekommen und auch Englisch lernen. Mit Erstaunen erlebe ich, wie unsere Bemühungen, die bei Robi erfolglos waren, jetzt bei dessen Tochter fruchten. Die Entwicklung zum verantwortungsbewussten Leben hat eine Generation gedauert.

Die Spaltung der Gesellschaft

Die beiden Geschichten erzählen auf unterschiedliche Weise von dem Abenteuer, das Menschen auf sich nehmen, die armen und bedürftigen Menschen helfen wollen. Im Grunde ist in einer organischen, gesunden Gesellschaft die Unterscheidung zwischen Hilfesuchenden und Helfern unpassend, weil alle Mitglieder sowohl helfen wie auch Hilfe brauchen. Da die Menschen in allen Lebensstadien aufeinander angewiesen sind, ist es natürlich, dass sie großzügig helfen und sich mit derselben Großzügigkeit helfen lassen. Auch die christliche Nächstenliebe baut auf dieser Gegenseitigkeit der liebenden Unterstützung auf.

Eine Gesellschaft, die sich aufteilt in Hilfeempfänger und Helfende, ist in Disharmonie geraten. Unterschiede innerhalb der Gesellschaft, was etwa Einkommen, Bildung und gesellschaftlichen Rang betrifft, sind so krass geworden und bestimmen so stark das menschliche Selbstverständnis, dass sie die Gesellschaft spalten. Da sind die

Habenden und dort die Habenichtse. In einer solchen Gesellschaft entstehen dann die Identitäten von Hilfsbedürftigen und von Helfern, obwohl beide Gruppen in vielfältiger Weise beides sind und sein sollen. Auch unter den Ärmsten gibt es Menschen, die helfen und schützen und gleichzeitig Hilfe und Schutz brauchen.

Uns in Europa muss eindringlich gesagt werden, dass wir trotz unserem Vorsprung an Einkommen und Bildung, unserem sozialen Prestige und Selbstbewusstsein nicht naiv als „Helfer" in Länder der „Dritten Welt" fahren sollen. Diese Haltung führt notwendigerweise zur Enttäuschung auf beiden Seiten. Vielmehr sollen wir den Menschen in jenen Ländern als *Suchende* begegnen, die empfangen wollen und als Dank dafür geben, was sie zum Leben der anderen beitragen können. Eine solche Haltung ideeller Zusammenarbeit auf der Basis eines Austauschs soll nicht nur unter Einzelnen gepflegt werden, sondern muss sich strukturell authentisch bis in die Organisationen des Staates und in übernationale Institutionen durchsetzen. Obwohl viele Organisationen heute nicht mehr von „Entwicklungshilfe" sprechen, sondern von „Entwicklungszusammenarbeit", ist dieses Ethos noch nicht weit verbreitet. Zu viele Privatinitiativen, Vereine und Stiftungen in Europa vertrauen auf die plumpe Zweiteilung in „die Armen" und „die Helfenden", die aus einer tiefsitzenden, unser Selbstverständnis formenden Mentalität gespeist wird.

Der grundsätzliche, uns oft nur halb bewusste und uneingestandene Glaubenssatz dieser Tradition ist, dass *Geld* das entscheidende oder sogar einzige Mittel jeder Hilfe sei. Geld gibt den Ausschlag, auf welcher Seite dieser gespaltenen Welt man ist, ob man gibt oder empfängt; so glaubt man.

Wie irrig diese Haltung ist, haben wir schon im ersten Kapitel erläutert, und unsere beiden Geschichten zeigen es wieder. Sundori wie Robi bekamen ausreichend materielle Hilfe, um ihr Leben zu verbessern. Hinzu traten auch die notwendigen Bezugspersonen, die diese materielle Hilfe in angemessener Weise austeilten und sie anleiteten und begleiteten. Dennoch schlug die Hilfe fehl. Warum? – Auch eine angemessene materielle Hilfe, mit Liebe und Verstand angeboten, führt nicht zwangsläufig zur Verbesserung des Lebens. Hinzukommen muss eine innere Bereitschaft, das eigene Leben zu verändern. Menschen müssen die Kraft und die menschliche Reife aufbringen, das Neue, das durch die materielle Hilfe in ihr Leben tritt, zu integrieren und zu nützen. Das kostet Anstrengung, das kostet insbesondere den Mut, die fest gefügte Konvention des eigenen Lebens zu verlassen. Sundori war nicht einmal angesichts ihres entsetzlichen Schicksals zu Hause dazu bereit, ihr Heimweh, ihre Einsamkeit zu bekämpfen. Ebenso war Robi zu schwach, um seine Chance zu erkennen; stattdessen schwamm er lieber in dem breiten Strom jener vielen mit, die gedankenlos annehmen, was jeder Tag an kleinen Freuden und kleinen Schwierigkeiten bringt.

Der zweite Grundsatz, den uns die beiden Geschichten lehren, ist: Das natürliche Feld der Interaktion von Geben und Empfangen, von Unterstützung und Sich-unterstützen-Lassen ist die Familie. Es ist selbst für Menschen desselben Dorfes, desselben Stammes oder derselben Nachbarschaft und Kaste schwer, sich in die intime Sphäre der Großfamilie einzumischen, um das Leben eines Menschen zu verändern. Sundoris Familie behandelte das Mädchen auf gemeine Art, dennoch erhob kein Mitglied der Familie Einspruch. Erst als Personen außerhalb der Familie das Mädchen gerüchteweise schlecht behandelten, organisierte sich die Familie zum Protest. Bei Robi kam die Wandlung erst, als er Familienaufgaben spürte, als Frau und Kind durch ihre Existenz eine Herausforderung an ihn stellten, der er nicht ausweichen konnte.

Drittens: Entwicklung ist ein Prozess, bei dem die Armen wie auch die Helfenden ständig dazulernen. Es gibt viele Enttäuschungen, deren Ursachen zunächst unklar sind. Sie herauszufinden, ist ein Abenteuer, das tief in die Psyche der Menschen hineinführt.

Dies sind ernste Hinweise für alle helfenden und begleitenden Menschen, damit sie ihre Möglichkeiten zu helfen realistisch einschätzen und die Grenzen erkennen. Natürlich muss Hilfe von „außen" kommen; doch wird sie häufig erst effektiv, wenn die Ressourcen der eigenen Familie erschöpft sind. Denn Hilfe von außen ist stets eine subtile „Einmischung" in Familienangelegenheiten, deren „Peinlichkeit" erst überwunden werden muss, bevor sie akzeptiert wird.

Einspruch: Ist Hilfe überhaupt notwendig?

Bevor wir diese Überlegungen weiterführen, möchte ich auf ein Argument eingehen, das immer wieder gegen Hilfe erhoben wird. Nach Dia-Vorträgen in Deutschland und Österreich über das indische Dorfleben wurde mir häufig von Zuhörern vorgehalten, warum ich Menschen, die augenscheinlich glücklich, naturverbunden und in

Harmonie mit sich und der Welt lebten, „entwickeln“ wolle. Wie im ersten Kapitel berichtet, hatte auch ich zunächst einen solchen Eindruck gewonnen. Man fragte mich: Haben wir ein Recht, sie aus dieser Idylle herauszuholen, sie mit unserer westlichen Zivilisation, deren Übel wir inzwischen alle erkannt haben, vertraut zu machen und sie Bedürfnisse zu lehren, von denen sie vorher nichts wussten?

Die Frage ist berechtigt. Aber die Antwort ist es auch: Die „Idylle“ ist, wie wir inzwischen wissen, oberflächlich und unsicher. Jede Krankheit zerstört sie, jedes Versagen, wie Alkohol, Ehestreit, Faulheit, drängt die ganze Familie an den Rand der Existenz, jede Unregelmäßigkeit der Natur, wie Überflutungen und Hagel, Trockenheit und Insektenplage, bedroht die gute Ernährung im folgenden Jahr. Kann eine Situation, die so unbeständig ist, als „Idylle“ bezeichnet werden?

Die „Idylle“ ist manchmal sogar in ihrer oberflächlichen Harmonie gefährdet. Eine sich entwickelnde dörfliche Gesellschaft muss starke, oft destruktive Einflüsse von außen integrieren. Allein, ohne Rat und Schutz, ist es ihr selten möglich. Es gibt Santal-Dörfer in größerer Nähe zur Stadt, die vom Alkoholismus verwüstet sind, die durch hemmungslose Übernahme von städtischem Billigkonsum hässlich und zerrissen wirken. Da mischen sich Wellblechdächer mit strohgedeckten Dächern, da ist Plastik neben dem ehrwürdigen Lehm, da fehlt die sorgfältige Handarbeit der Frauen, die den Hof kehren und die Lehmwände pflegen. Die Menschen verlieren den lebendigen Zusammenhang mit der Natur, weil Haustiere fehlen. Kein Fotograf kann verslumte Dörfer in eine Idylle verwandeln. Die Bewohner sind meist willenlos Getriebene im Mittelpunkt solcher Einflüsse.

Es gibt Dörfer, die durch von außen herangetragene Gier sämtlicher Bäume beraubt wurden. Sie wurden verkauft, ohne dass man überlegte, was danach kommt. Das Fernsehen und die Mobiltelefone beschleunigen den Einbruch dieser Einflüsse. Wir haben in Ghosaldanga die Ankunft des Fernsehens fünfzehn Jahre aufhalten können; heute aber besitzen drei oder vier Familien billige Apparate. Das Fernsehen wird nicht mehr weichen.

Diese Prozesse können weitblickende Menschen mit Schulbildung und Lebenserfahrung, die außerhalb des dörflichen Kreises leben, steuern und in konstruktive Bahnen führen, so dass die Außeneinwirkungen die Menschen nicht orientierungslos machen. Aber die Vorstellung, eine Abschottung könne eine Art heiler Welt in den indischen Dörfern erhalten, zeugt von einer wirklichkeitsfernen Sozialromantik.

Verantwortungsvolles Geben

Geben wie Franziskus?

Es gibt zwei Formen des Gebens. Die eine ist die „franziskanische“ Weise des Gebens. Die Menschen schenken alles, was sie besitzen, spontan und bedingungslos an alle jene, von denen sie glauben, dass sie diese Gaben notwendig brauchen. Es ist ein Sich-Ausschütten des Herzens und eine Entäußerung von allem Besitz aus Liebe zu Geschöpfen, die weniger besitzen als der Geber und an diesem Weniger leiden. Dieses Geben ist ein Akt radikaler Liebe.

Die so geben, bedenken jedoch nicht, welche Folgen ihr Geben jenseits einer momentanen Erfüllung der Bedürfnisse haben kann. Der Akt des Gebens ist diesen Menschen das Wichtige. So wie viele davon überzeugt sind, Geld sei unabdingbar, glauben diese Menschen, ihr Geschenk der Liebe sei das ausschlaggebende Mittel zur Hilfe.

Viele engagierte Christen achten einzig darauf, dass die Liebe, die dieses Geben inspiriert hat, lauter und stark ist. Darin kann jedoch ein Element der Selbstbefriedigung liegen und insofern eine subtile Art der Ichsucht. Die Gefahr ist, dass es ihnen zu sehr auf das wunderbare Bewusstsein ankommt, andere Menschen glücklich zu machen.

Diese karitative Weise zu helfen hat ihren unbedenklichen Sinn bei Hungrigen, Kranken und Süchtigen, bei Kindern und Alten und bei Katastrophen – bei all jenen Menschen, die keinen noch so geringen Beitrag dazu leisten können, sich selbst aus ihrer Not zu befreien. Der ausgeraubte und geprügelte Mensch in dem Gleichnis Jesu brauchte einen Samariter, der ihn aufhob, mit sich nahm, zu essen gab und gesund pflegte. Mutter Teresas Orden nimmt sich solcher „elendig Armen“ an, die sich in ihrem gegenwärtigen Zustand nicht selbst helfen können. Entgegen aller Kritik unverständiger Menschen ist eine solche Hilfe notwendig, solange Menschen auf der Straße liegen, Kranke unbetreut bleiben und Sterbende einsam sind.

Ebenso unbedenklich notwendig ist infrastrukturelle Hilfe. Wenn eine Brücke fehlt, um zwei Straßen, zwei Landesteile zu verbinden, dann muss die Brücke gebaut werden. Wenn es an Krankenhäusern, an geteerten Straßen, an Bussen und Zügen, an elektrischem Strom und an Wasserpumpen fehlt, dann müssen diese materiellen Gegenstände gebaut und in Betrieb gesetzt werden.

Doch Hilfe, die weitergehen will als hilflosen Menschen zu dienen und Verbesserungen der Infrastruktur zu leisten, ist auf die aktive Mitwirkung des Empfängers der Hilfe angewiesen, um effektiv zu werden.

Das konstruktive Geben

Die eigentliche Herausforderung an die Geber besteht eben in dieser zweiten Form, dem konstruktiven Geben, das in der Formel „Hilfe zur Selbsthilfe" eine breite Anerkennung findet. Die Geber versuchen, die hilfsbedürftigen Menschen als ihre *Partner* zu gewinnen, so dass sie gemeinsam an einer Verbesserung der Lebenssituation arbeiten. Diese Hilfe wendet sich also an Menschen, die körperlich, mental und gesellschaftlich in der Lage sind, die Zuwendungen zu ihrem eigenen Nutzen einzusetzen, die fähig zur Eigenbeteiligung sind, um dadurch zu einer echten und dauerhaften Entwicklung beizutragen. Ich nehme diese konstruktive Form des Gebens zur Grundlage der folgenden Überlegungen.

Was ist Entwicklung?

Was ist mit „echter und dauerhafter Entwicklung" gemeint? „Entwicklung" soll nie isoliert als bloße wirtschaftliche, materielle Entwicklung verstanden werden. Entwicklung muss *ganzheitlich* sein. Das heißt, sie muss den *ganzen Menschen* – seine Intelligenz, die Gefühle, seine

Wertvorstellungen, seine praktischen Fähigkeiten, seine soziale Kompetenz – aktivieren und reformieren.

Zum Beispiel genügt es nicht, armen Menschen einfach ein Haus zu bauen. Ihnen muss auch vermittelt werden, wie sie darin mit Verstand und zu ihrem größten Nutzen wohnen können. Dazu gehört, dass sie nicht mehr auf dem feuchten Boden schlafen und tagsüber die Fenster öffnen, weil Licht und Luftzirkulation im Haus sich vorteilhaft auf Gesundheit und Gefühlshaushalt auswirken. Ihnen kann gezeigt werden, dass ein Gasherd gegenüber dem in Lehmhütten üblichen Ofen, der mit Stroh und Laub gefeuert wurde, effektiver und gesundheitsfördernd ist. Bisher musste die Frau jeden Tag stundenlang vor dem Lehmloch auf der Veranda hocken, um das Kochfeuer zu unterhalten. Sie atmet den Rauch ein und hustet, oft erkrankt sie. Dagegen gefährdet ein Gasherd nicht die Gesundheit und kann in einem Ziegelsteinhaus ohne beträchtliche Feuergefahr eingesetzt werden. Diese Zusammenhänge können arme Menschen, die bisher in Lehmhütten gewohnt haben, nicht nachvollziehen; sie brauchen Anleitung zur bestmöglichen Nutzung eines Hauses.

Ein anderes Beispiel: Wer eine Toilette baut, sollte darauf achten, dass sie fachgerecht angelegt und genutzt wird, damit sie zu einer wirklichen Verbesserung der persönlichen Hygiene beiträgt. In der Nähe von Santiniketan stellte eine Nicht-Regierungsorganisation billige Toiletten für die Dorfbevölkerung her. Sie lieferte das Baumaterial, etwa die Toilettenpfanne, und das Geld für eine einfache Sickergrube. Den Rest, vor allem also Toilettenhäuschen und Rohre, sollten die Dorfbewohner selbst als ihren Beitrag zur Verbesserung ihres Lebensstandards dazutun.

Einige Bauern nahmen die Vorschläge der Organisation ernst und bauten die Toilette nach deren Maßgaben. Doch andere versäumten, sie in der Nähe einer Wasserpumpe zu bauen. Um die Toilette zu spülen, mussten sie von weither Wasser herbeitragen, was ihnen bald lästig wurde. Sie kehrten zu ihren alten unhygienischen Bräuchen zurück. Wieder andere bauten die Toilette in der Nähe der Wasserpumpe, doch sie achteten nicht darauf, dass die Sickergrube der Toilette tiefer als die Pumpe liegen muss, damit die Abwässer nicht unmittelbar in das Grundwasser fließen, das die Pumpe absaugt. Das Grundwasser wurde verseucht, und die Menschen erkrankten an Typhus und anderen Krankheiten.

Andere benutzten die Toilette, doch sie säuberten sie nicht mit Pulver und Bürste, so dass sie bald in unhygienischeren Verhältnissen lebten als vorher. Niemand hatte die Bauern in die wesentlichen Vorteile einer Toilette eingewiesen, den Bau und eine Zeit lang ihre Benutzung beaufsichtigt. Das Geld war verschwendet, und die Menschen lebten gefährdeter als vorher. Wegen dieses Misserfolgs konnten andere auf Jahre nicht zu einem Toilettenbau motiviert werden.

Die Liste von gut gemeinten Entwicklungsinitiativen, die scheiterten, ist lang und traurig. Sie scheiterten, weil sie nicht die Situation der Menschen *in ihrer Gesamtheit* erkannten und berücksichtigten. Entwicklungsprojekte dürfen nicht in den klimatisierten Räumen der Städte konzipiert werden, sondern im Lebenskreis der Armen. Es wäre übertrieben idealistisch zu wünschen, dass die Armen ihre Entwicklung selbst bestimmen. Fragte man sie, würden sie nicht entscheiden können, welche Entwicklung ihr Leben nehmen soll. Es ist Teil ihrer mentalen Armut, sich einen Weg aus ihrer Situation nicht vorstellen zu können. Auf sich gestellt, würden die Armen wahrscheinlich unsinnige Wünsche vorbringen. Sie wollen ein Transistorradio oder ein Fernsehgerät oder ein Motorrad oder zwei knallbunte Hemden kaufen oder zehnmal das Kino besuchen – obwohl zum Beispiel die Mutter krank zu Hause liegt und eine Behandlung brauchte, obwohl sie sich nicht den Nachhilfeunterricht für die Kinder leisten oder das Benzin für ein Motorrad bezahlen können.

Wenn Entwicklungen fehlschlugen, dann meist weil die Helfer nicht nach der Erkenntnis gehandelt haben, dass jede Verbesserung des materiellen Lebensstandards ein Lernprozess begleiten muss, damit diese Verbesserung real ist, gesellschaftlich harmonisch integriert werden kann und damit die Menschen die Verbesserung aufrechterhalten können. Der Verstand, die Gefühle, die Wertvorstellungen müssen einbezogen werden, selbst wenn es sich um scheinbar periphere Lebensverbesserungen handelt.

Auch der Kauf eines Motorrads muss moralisch und emotional verkraftet werden. Beim Kauf zu bedenken sind darum nicht nur die Vorteile oder die Notwendigkeit einer raschen Fortbewegung. Besitz ist ein Zeichen von Macht, die der Besitzer gegenüber anderen Menschen ausüben kann, mit der er andere Menschen dominieren, demütigen, von sich weisen kann. Besitz ist Symbol von Prestige und „Rang" in der Gesellschaft. Mit Besitz können die Menschen ihre Beziehungen zu ihrer menschlichen Umwelt einschneidend verwandeln, oder umgekehrt: Die Umwelt beginnt sich gegenüber den Besitzenden anders zu verhalten. Besitzerstolz oder -hochmut auf der einen Seite, Eifersucht und Missgunst auf der anderen Seite sind Gefühle, die sehr rasch wachsen und das gesellschaftliche Klima vergiften können. Zumindest bewirken sie andere hierarchische Strukturen, die auch den Entwicklungsprozess beeinflussen, oft stören.

Besitz weckt auch den Wunsch nach mehr Besitz. Dies sind subtile psychische Vorgänge, die die Armen, ungeübt wie sie sind, selten erkennen und darum nicht steuern können. Oft geraten sie in einen Sog des Immer-Mehr, der bald mit Entwicklung nichts mehr zu tun hat.

Die Begleiter einer Entwicklung brauchen vor allem eines, damit ein solcher Prozess glücken kann: *Zeit und Geduld*. Meist plant und handelt die offizielle Entwicklungshilfe in kurzen Zeiträumen und bedenkt dabei vorwiegend die materiellen Prozesse: Wie lange braucht man, bis eine Schule gebaut ist? Wie lange dauert es, bis ein Obstgarten angelegt ist? Wie lange, bis ein Jeep gebrauchsfertig in der Garage steht? Die ebenso notwendigen Fragen drehen sich um die Menschen, die in der Schule lernen und lehren werden, die den Obstgarten betreiben und pflegen und die den Jeep benutzen. Es wird fast durchgängig so sein, dass die Bereitstellung der materiellen Werte rascher und problemloser möglich ist als die psychische Vorbereitung der Menschen, die diese benutzen wollen.

Nur arme Menschen, die im Zuge ihrer Entwicklung auch als Personen reifen konnten – denen ihre „Helfer" die Möglichkeit gegeben haben, reif und verantwortlich zu werden –, werden aus diesem Prozess seelisch gesund und gestärkt, nämlich als erfülltere Menschen hervorgehen.

Freundschaftsdienst

Die beste Voraussetzung dafür ist eine Langzeitbegleitung der armen Menschen durch Personen, die in einem täglichen oder doch regelmäßigen Austausch mit ihnen stehen. Diese „Begleiter“ sollten selbst schon so gefestigt und reif sein, dass sie die schwierige Position der Bezugsperson, eines Ratgebers und Inspirators, ausfüllen können.

Ideal ist, wenn diese Bezugspersonen sogar Freunde der Armen sein können. Das ist nur möglich, wenn sie sich in wesentlichen Bereichen der Lebensweise der Armen anpassen. Wer möglichst einfach und materiell bedürfnislos lebt, wer einfach isst, wie die Armen einfach schläft und Arbeit mit den Händen verrichtet, kann das Herz der Armen spontan gewinnen, der wird sich den Armen seelisch verständlich machen können. Dadurch wird der praktische Austausch leichter.

Die Armen öffnen sich eher, um von solchen Menschen praktische Ratschläge anzunehmen und ihren Motivationen Glauben zu schenken. Arme Menschen rationalisieren wenig; darum schenken sie anderen Menschen spontan Vertrauen aufgrund ihrer äußeren Erscheinung und der Zeichen, die sie in ihrer alltäglichen Handlungsweise setzen. Wenn sie sich in der Gesellschaft eines Menschen angenommen fühlen, vertrauen sie ihm intuitiv. Darum sind die äußeren Zeichen der Angleichung und des Verständnisses so notwendig.

Im ersten Jahrzehnt meiner Zusammenarbeit mit den Bewohnern von Ghosaldanga gelang es, eine stimmige Form eines solchen Freundschaftsdienstes aufzubauen. Eigentlich war ich nicht nach Ghosaldanga gekommen, um

„Hilfe zu leisten“. Ich besuchte das Dorf, um sein Leben kennenzulernen. Für mich waren die Abende im Dorf zunächst eine willkommene Abwechslung und Erholung von meinem Studium. Mich beeindruckte die Fähigkeit der Menschen, mit einfachsten Mitteln zu leben, ohne Not zu spüren. In dieser Einfachheit entstanden oft Kommunikationsformen, die nur angedeutet waren, aber darum umso stärkere Symbolkraft besaßen.

Rejjam, mein Nachbar in Ghosaldanga, und ich waren einmal aus einem Grund ärgerlich aufeinander. Bei meinem nächsten Besuch im Dorf stand er auf dem Weg und hielt einen kleinen gebratenen Gemüsekuchen in der Hand. Komm, sagte er, nimm die Hälfte davon. Und ich aß den gepfefferten Happen, und wir konnten danach wieder freundschaftlich miteinander sprechen.

Sona und ich verbanden uns, weil er mir als gebildetem jungen Mann seine Probleme, die der Familie und des Dorfes veranschaulichen konnte. Mit ihm ging ich zu anderen Familien des Dorfes. Wir betraten deren Hof und setzten uns zu den anderen. Sie stellten mir eine oder zwei Fragen und erzählten etwas über ihr Leben, dann waren sie wieder stumm. Man brauchte die Gäste nicht, wie in Europa üblich, zu „unterhalten“. Über diese Freundschaft lernte ich auf ungezwungene Weise die Mentalität der Dorfbewohner kennen. Ich wurde von nichts ausgeschlossen – nicht von ihren Versammlungen, ihren Riten, ihren Festen. Sie benahmen sich nicht anders, wenn ich anwesend war. Ich war da, wie die anderen Menschen auch.

Sona, dünn und knöchern, voll von Energie und Neugier, hatte den Ehrgeiz, weiter zu lernen. Ich kaufte ihm ein Fahrrad, damit er das College in Bolpur besuchen konnte. Das war billiger und zeitsparender, als zu Fuß nach Shattor zur Bushaltestelle zu laufen, um auf den Bus nach Bolpur zu warten. Er bekam ein Taschengeld, mit dem er jeden Tag in Bolpur in einem Straßenrestaurant eine leichte Mahlzeit einnehmen konnte. Und Schulbücher, Hefte, einen Federhalter, eine Kerosinlampe. Das genügte, um in seiner Hütte zu lernen … Sona wurde mit dem Nötigen ausgestattet.

Meine Bedingung war, dass er als Gegendienst jeden Abend die jungen Schüler von Ghosaldanga versammelte und mit ihnen ihre *Hausaufgaben einübte.* Santal-Kinder können den Lehrern in der staatlichen Schule nicht folgen, weil diese den Unterricht in Bengalisch halten, nicht in ihrer Muttersprache Santali. Wir kauften eine zweite Kerosinlampe, diesmal für die Abendschule, sowie Schiefertafeln und Kreide.

Sobald es dunkel geworden war, entzündete Sona die Lampe und stellte sie auf den Dorfplatz. Zunächst mussten die Kinder aus ihren Hütten abgeholt werden. Sie fürchteten sich, im Dunkeln aus der Sicherheit ihres Hofs hinauszutreten. Viele wollten auch lieber bei der Mutter am Kochfeuer sitzen oder sich auf dem Kordelbett ausruhen. Monate dauerte es, bis die Kinder sich daran gewöhnt hatten, abends auf dem Dorfplatz zu lernen. Sona wollte aufgeben; in den ersten Jahren brach im Sommer, als ich Deutschland besuchte, die Routine zusammen.

Du willst doch das College besuchen, erinnerte ich Sona, als ich zurückgekehrt war.

Also soll ich die Abendschule weiterführen!

Tatsächlich brachen die Kinder, die in die erste Klasse eingetreten waren, den Unterricht nicht mehr nach einigen

Monaten ab. Sona konnte ihnen in Santali den Lehrstoff erklären, ihnen die bengalischen Vokabeln vorsprechen und übersetzen. Es gehörte Energie und Willenskraft dazu, die Kinder zum regelmäßigen Lernen anzuhalten. Den Eltern musste nach und nach verständlich gemacht werden, warum Schulunterricht für die Zukunft ihrer Kinder wichtig ist. Er konnte auf sein eigenes Beispiel hinweisen: Er konnte Unterricht halten, weil er selbst zuvor jahrelang studiert hatte! Sona legte den Kindern Regelmäßigkeit, Pünktlichkeit und Ordnung nahe – und musste sie selbst lernen und vorleben! Das war mit Bemühung verbunden. Nicht jeder Regenschauer sollte den Lehrer abhalten, sonst würden auch die Kinder nicht kommen. Die Abendschule zog eine ganze Reihe von Lernprozessen nach sich, ganz im Sinne einer ganzheitlichen Entwicklung der Menschen.

Als zweites Programm begannen wir mit einer elementaren *medizinischen Versorgung*. Sona und mir war bewusst, dass wir den Menschen nur dann eine neue Richtung geben könnten, wenn wir sie in ihrer persönlichen Not unterstützten. Sona besuchte die Kranken in den Hütten und motivierte sie, nicht den *Ojha*, den Quacksalber, zu rufen, sondern sich die Mühe zu machen, einen Arzt in der Stadt aufzusuchen. Er begleitete die Patienten zum Arzt in Bolpur oder zum Krankenhaus. Er verteilte die Medikamente und achtete darauf, dass die Kranken sie jeden Morgen einnahmen. Jeden Morgen nüchtern oder zusammen mit der Reismahlzeit oder nach dem Essen! Diese Art der Genauigkeit einzuhalten bedeutete einen Riesenschritt auf dem Weg zur mentalen Umgewöhnung, nicht nur für die Patienten des Dorfes, sondern auch für den schulgebildeten Jungen.

Ich gab ihm die erste Uhr seines Lebens. Später bedauerte er nostalgisch, dass er eine Uhr trug, denn dadurch habe er sein Zeitgefühl eingebüßt. Bisher hatte er nach Sonnenstand und den Lichtverhältnissen die Zeit meist auf eine Viertelstunde genau schätzen können. Aber was nützte ihm die Kenntnis der Zeit nach Gefühl oder Uhr, wenn Sona trotzdem ständig eine Stunde oder zwei Stunden verspätet eintraf? Viele Jahre lang waren Sonas Verspätungen ein Zeichen dafür, dass er noch nicht gelernt hatte, seine Arbeit realistisch zu planen. Darum musste ich ihn zum Beispiel auch noch jahrelang fragen, ob er den Kranken ihre Medikamente gegeben und sie nach dem Rezept des Arztes zu Untersuchungen begleitet habe.

Unser drittes Projekt war, *Bäume zu pflanzen*. Diese Aktion bedurfte einer monatelangen kontinuierlichen Disziplin, die von der Natur diktiert wurde. Im Sommer schlugen die Jungen die Samenschoten von den Bäumen und begannen eine Baumschule. Jeden Tag wurden die keimenden Samen begossen, vor der glühenden Sonne abgedeckt und vor Tieren und Kindern geschützt. Gleichzeitig schlugen die Männer mit Spitzhacken Löcher in den harten Boden, meist auf beiden Seiten der Wege und im Freiland hinter dem Dorf. Sobald der Monsun beginnt, werden die Menschen auf ihren Feldern tätig. Der Boden weicht auf und kann umgepflügt und geeggt werden. Zur selben Zeit mussten die Baumsamen zu Pflanzen von einem halben Meter Höhe aufgewachsen sein. Dann war es Zeit, sie in die vorbereiteten Löcher einzusetzen. Sie brauchen zu Anfang viel Wasser, um anzuwachsen und in ihrer neuen Erdumgebung zu gedeihen. Sie durften also nicht zu spät, wenn der Monsun schon ausläuft, eingepflanzt werden. Den jungen Bauern verlangte die Aktion das Opfer ab, nach der harten Feldarbeit abends noch einmal zusammenzukommen, um Bäume zu pflanzen. Sona konnte sie zu solchen gemeinsamen Aktionen bewegen. Diese Disziplin der Planung und der naturgerechten Ausführung schenkten dem Dorf und seiner Umgebung nicht nur Hunderte von Bäumen, sondern sie waren für Sona und die Dorfbewohner eine Schulung für alle Bereiche des Lebens.

Während der ersten Jahre klärte sich das Konzept der Entwicklung im Zusammenleben mit den Menschen in Ghosaldanga und Bishnubati. Dabei lernte ich über die Möglichkeiten der Entwicklung genauso viel dazu wie Sona und mit ihm die Dorfbewohner. Die wichtigste Voraussetzung für Entwicklung ist das *partizipatorische Prinzip*. So viele Menschen wie möglich sollten aktiv an den Programmen beteiligt werden. Sie sollten das Gefühl bekommen, dass sie durch ihr Engagement an der Entwicklung nicht nur teilnahmen, sondern die Entwicklung *selbst* vorantrieben. Die drei Programme, die wir im Dorf begannen, berücksichtigten diese Voraussetzung: Abendschule, medizinische Grundversorgung und Bäumepflanzen.

Das zweite Prinzip war: einen *„youth leader" im Dorf* zu finden, aufzubauen und zu begleiten, der die Herausforderungen einer ganzheitlichen Entwicklung verstand und die Stärke hatte, die Menschen des eigenen Dorfes dafür zu motivieren und zu aktivieren. Ohne eine solche treibende Kraft *innerhalb* der Gemeinschaft der Armen ist Entwicklung – so wie sie hier beschrieben wird – nicht denkbar. In Ghosaldanga entwickelte sich Sona zu einem solchen jugendlichen Anführer; in dem Nachbardorf Bishnubati, in dem die Arbeit wenige Jahre später begann, war es Boro Baski, der später die Universität von Santiniketan besuchte und sich nach seinem Magister entschloss, im Dorf zu bleiben.

Notwendig für diese Rolle des *youth leader* war erstens eine gute Ausbildung, die Sona und Boro befähigte, eine Situation vernünftig zu durchdenken, sich zielgerecht zu äußern und zu planen. Zweitens brauchten sie die Fähigkeit zu überzeugen, die Menschen zusammenzuführen, um die beschlossenen Aktivitäten geduldig und hartnäckig gemeinsam mit den Dorfbewohnern durchzuführen. Als Drittes aber brauchten Sona und Boro die Begabung, die Nöte und Mängel der armen Bevölkerung zu spüren und mit ihr tiefe Sympathie zu empfinden. Das war für junge Menschen, die selbst noch darum kämpften, eine gesicherte Lebensgrundlage für sich und ihre Familien aufzubauen, keine leichte Aufgabe. Das Leben dieser jugendlichen Persönlichkeiten sollte selbst Perspektiven zur weiteren Entfaltung besitzen, sollte möglichst gesichert und ohne größere Ängste sein, denn nur dann können sie über die innere Freiheit und Selbstlosigkeit verfügen, die notwendig sind, um selbst zu helfen.

Mir fiel – im Rahmen des Freundschaftsdienstes – die Aufgabe zu, mit Sona und Boro in langen Gesprächen unsere Konzepte zu klären und sie zu motivieren, sie mit den Dorfbewohnern umzusetzen. Darüber hinaus war ich für die materiellen, körperlichen, intellektuellen und seelischen Fortschritte beider verantwortlich. Ich machte Reisen mit ihnen oder schickte sie auf Exkursionen und zu Kursen und brachte sie mit Menschen zusammen, die ihre Ideen formen und ihre Horizonte erweitern konnten.

Als Sona krank wurde, wusste er, dass ich für seine Genesung sorgen würde. Wenn er Schwierigkeiten mit einem seiner fünf Brüder bekam, war ich zur Stelle, um zu vermitteln. Seinen jüngsten Bruder, den blinden Gopal, brachten wir gemeinsam in einer Blindenschule in der Nähe von Kalkutta unter.

Wer in Indien einen Menschen an sich zieht, sei es als Freund oder als Ehe- oder Geschäftspartner, lernt automatisch seine ganze Familie kennen, mitsamt ihren Nöten. Für mich bedeutete es, dass ich nicht nur die Verantwortung für Sonas und Boros Leben übernommen hatte, sondern auch für all jene, für die sie verantwortlich waren. Als Söhne mit Schulbildung fiel ihnen die Verantwortung für die gesamte Familie zu.

Es war eine glückliche Konstellation, dass ich die Entwicklung der beiden Dörfer über viele Jahre hinweg mitgestalten durfte, weil ich Sona, Boro und einige andere junge Menschen kennenlernte, die sich als jugendliche Anführer eigneten und sich als solche engagierten.

Dies ist nicht der Ort, die Fortsetzung unserer Arbeit in den beiden Santal-Dörfern, mitsamt den beträchtlichen Irrwegen, Fehlern und Schwachstellen, zu beschreiben und zu analysieren. Hier soll anschaulich werden, was mit „Freundschaftsdienst" gemeint ist und warum ich ihn als ein Ideal der Entwicklungszusammenarbeit ansehe. Nur wenige Organisationen werden dieses Modell vollständig ausfüllen können. Doch sind Annäherungen und Anlehnungen möglich. Wichtig ist festzustellen, dass dieses Modell einen christlichen Ursprung besitzt. Denn kaum eine

Beziehung macht Nächstenliebe greifbarer und wunderbarer als eine gelebte Freundschaft unter – nach äußerlichen Gesichtspunkten ungleichen – Partnern.

Wer sind die „Begleiter der Armen"?

Das Vertrauen der Armen gewinnen

Menschen, die es sich zur Aufgabe gemacht haben, die Armen aus ihrer Armut herauszuführen, nenne ich ungern „Helfer" oder „Entwicklungshelfer". Denn ihre Aufgabe ist: arme Menschen so dicht an deren Leben und so lange wie notwendig zu begleiten, bis sie selbst andere Menschen verantwortlich begleiten können. Der Begriff „Helfen" zwingt die Menschen in eine Rolle, die sie konträr zum Leben der Armen stellte – als deren Gegenüber, nicht als ihr Begleiter.

Es ist nicht einfach, eine solche begleitende Rolle auszuüben. Den Begleitern mag es wenig problematisch erscheinen, die Armen zu verstehen und sie zu schätzen, denn sie sind gebildet, flexibel und darauf eingestellt, auf andere Menschen einzugehen. Aber wie können die Armen ihre traditionsgebundene, mental und kulturell enge Umwelt überwinden und zu Menschen hinüberreichen, die in einer anderen sozialen Schicht aufgewachsen sind? Ihre Spontaneität mag ihnen zunächst dabei helfen. Doch sind arme Menschen in einer Atmosphäre aufgewachsen, in der vertrauensvolle Beziehungen mit Menschen außerhalb ihrer Gemeinschaft kaum denkbar sind. Beziehungen nach außen sind immer Beziehungen der eigenen Untergebenheit, der Unterwerfung, allenfalls der Annahme feudalistischer Großzügigkeit gewesen. Der Großbauer, dessen Felder der Arme bestellte, gab herablassend, der Arme nahm unterwürfig an.

Hier wird der Begleiter großes Einfühlungsvermögen mobilisieren müssen, um die Armen aus diesen festgefahrenen Beziehungen zu befreien und eine Beziehung der Gleichwertigkeit anzubieten. Es ist darum schädlich, sogleich vom „Helfen", von Geld, zu sprechen. Denn zu Beginn wird das Gespräch über Geld und über noch so gut gemeinte finanzielle Hilfe die Ungleichheit der Beziehung so stark und schmerzlich in den Vordergrund schieben, dass Vertrauen nicht wachsen kann. Die Begleiter müssen zunächst selbst bedürfnislos und einfach werden – „arm" ähnlich wie die Armen, nur eben freiwillig und überlegt, um sich in ihrem schlichten, ernsthaften Menschsein den Armen verständlich zu machen. Nur so kann allmählich Vertrauen wachsen.

Begleiter, die versuchen, als Erstes mit Geld Vertrauen zu wecken – was instinktiv so häufig geschieht –, zeigen damit ihre Unsicherheit, mit den Armen psychologisch sensibel und gerecht zu verkehren. Sie setzen unbedacht jenes Mittel ein, das in ihrem eigenen sozialen Umfeld stets gewirkt hat – das Geld. „Nicht-arme" Menschen, die im Umfeld der Armen nur über Geld eine Beziehung aufzubauen fähig sind, beschämen die Armen, demütigten sie sogar, als seien sie Menschen, die nur über ihre Armut und ihren Wunsch nach materiellen Gütern definiert werden können. Das Selbstwertgefühl der meisten Armen sagt ihnen jedoch, dass sie individuelle und Familienwerte besitzen, die sie für sich als persönlichkeitsbildend betrachten.

Die Begleiter müssen sich zunächst mit Haut und Haaren in die überaus komplexe Situation der Armut hineinversetzen, alle Spannungen, Konflikte, all die kleinlichen Grabenkämpfe aushalten und überstehen. Zahlreiche Nichtregierungsorganisationen aus den Städten beginnen ihre Arbeit mit Statistiken, Projektplanungen und Durchführbarkeitsstudien unterschiedlicher Art und hoffen, damit das Problem der Armut zu lösen. Deren Ansatz verbessert allenfalls die Infrastruktur, in der die Armen leben, er verändert nicht die Armen selbst. Eine solche Veränderung kann einzig vom Menschen aus geschehen.

Wie die Armen leben?

In missionarischen Kreisen wurde immer das Ideal verkündet, Christen in Indien und anderswo sollten „wie die Armen" leben. Dies sei eine besondere Art, das Evangelium und dessen Gebot der Armut zu bezeugen. Mehrere Ordensgemeinschaften und Missionsgesellschaften haben dies als ihr Leitbild hingestellt und dadurch ein romantisiertes Bild von der Armut aufgebaut, das weder wahrheitsgetreu noch erstrebenswert ist.

Nicht *wie* die Armen sollen engagierte Christen leben, sondern *mit* den Armen.[2] Die Armut der Armen darf niemand teilen wollen. Denn Armut ist nichts Erstrebens-

---

2 Dieses Thema bespreche ich ausführlich in meinen Beitrag *Leben wie die Armen oder mit den Armen?* (In: „Gott kommt aus der Dritten Welt". Herausgegeben von Johannes Röser, Freiburg im Breisgau 1988, S. 19–34). Nachgedruckt unter dem Titel *Leben wie die Armen oder mit den Armen? Vom Helfen und sich helfen Lassen*, in: Martin Kämpchen: „Dialog der Kulturen. Eine interreligiöse Perspektive aus Indien", Nordhausen 2. Aufl. 2008).

wertes. Anstatt die Armut zu teilen, sollen wir sie gerade mildern und beseitigen. Deshalb ist das Ideal, „wie die Armen" zu leben, irrig und unecht. Es kann kein Ideal sein, die mentale Begrenzung und Befangenheit in starren Traditionen, den Mangel an hygienischem Bewusstsein, die falsche Ernährung aus Mangel und Unkenntnis wider besseres Wissen nachzuahmen. Das Ziel ist, die Armen von diesen Traditionen, Gewohnheiten und Mängeln zu befreien und sie in ein würdiges Leben zu führen.

Die naive *Romantisierung der Armut*, die bei vielen christlichen Missonen und Geberorganisationen geradezu wie ein Werbemittel eingesetzt wird, verstellt den nüchternen Blick auf die Armen. Man stellt sie als „unverbildet", vom Konsum „unverdorben", emotional „echt" und „natürlich" dar. Diese Klischees, an denen nichts Wahres ist, sollen den Spendern einen leichten emotionalen Zugang zur Armutssituation ermöglichen. Und umgekehrt: Menschen im Westen seien gefühlskalt, unfähig zur Freude und Sinnerfahrung. Solche Kontrastklischees sind bedenklich, geradezu gefährlich. Sie verwischen die Tatsache: Die Armen sind keine idealen Menschen, und ihre Armut hat nichts Ideales an sich, vor allem weil sie kein selbst gewählter, freiwilliger Zustand ist und normalerweise auch keine Tugenden hervorbringt.

Wahr daran ist allenfalls, dass junge Menschen unter den Armen eine gewisse Unverdorbenheit besitzen, weil sie mit bestimmten Sphären des Lebens weniger in Berührung kommen, etwa mit Fernsehen und Pornografie, mit Luxuskonsum und Werbung. Doch diese Unschuld ist meist vorbei, sobald mit der Familiengründung der Existenzkampf beginnt. Dann müssen sich die Armen, wie die

Menschen aller Schichten, entscheiden, ob sie ein ehrliches und anständiges oder ein opportunistisches und korruptes Leben führen wollen.

Die Tatsache, welche die Situation der Armen und der Nicht-Armen radikal voneinander trennt, ist die Unausweichlichkeit der Armut der Armen, während die Nicht-Armen, etwa die Ordensgemeinschaften, freiwillig und aus eigener Entscheidung arm leben. Dieser Unterschied ist so einschneidend, dass es ungebührlich ist, beide Situationen mit demselben Wort „arm“ zu beschreiben. Ich ziehe es vor, die freiwillige Armut als „Einfachheit“ und „Bedürfnislosigkeit“ zu bezeichnen.

Exkurs: Wenn Europäer geben

Der Drang zu helfen ist in uns Europäern, dank unserem christlichen Erbe, stark ausgeprägt. Indien folgt einer anderen Tradition. Darum hat es mich stets empört zu sehen, wie viele Inder der städtischen Mittelklasse ungerührt Tag für Tag an den *pavement dwellers* vorbeigehen, an den Menschen, die auf dem Bürgersteig hausen, manchmal unmittelbar vor ihrer Tür. Diese Hartherzigkeit hat historisch-soziale und religiöse Gründe, an denen wir in Europa nicht teilhaben. Sie hat ihren Ursprung auch in der Angst, selbst zu verarmen. Viele wohlhabende Menschen möchten sich von der Sphäre der Armut abschirmen, sie am liebsten nicht wahrnehmen und wahrhaben. Die meisten von ihnen haben allerdings auch enorme Ausgaben, um ihre Großfamilie, ihre Diener und Angestellten sowie deren Familien zu versorgen. Immer gibt es Hochzeiten, die bezahlt werden müssen, immer wieder sind Menschen in der unmittelbaren Umgebung krank, deren Krankenhaus- und Arztkosten anfallen.

Europäer, die Indien besuchen, geben dem Drang zu helfen häufig allzu unüberlegt nach. Gewiss, einem Bettler oder einer Bettlerin Geld zu geben, ein Lepraheim oder ein Waisenhaus zu unterstützen, ist rundherum gutzuheißen. Dieses Geld nützt elendig armen Menschen, die offenbar keinen Weg kennen, sich mit eigener Arbeit durchzubringen, und Institutionen, die sich bewährt haben. Anders steht es mit Einzelpersonen und ihren Familien. Für wohlmeinende, karitativ orientierte Menschen ist es eine enorme Versuchung, bedürftige Menschen, die sie oft nur flüchtig kennengelernt haben, unter einem Geldsegen zu begraben. Sie erkennen richtig, dass sie bei diesen Menschen mit im Vergleich zu Europa geringen Beiträgen ein Leben, oft eine ganze Familie, retten und auf ein sicheres Fundament stellen können.

Diese Gelegenheit, mit so wenig Geld so viel zu erreichen, bietet sich in Europa selten. Dort hilft das soziale Netz, dort überwachen das Sozialamt und andere Fürsorgeämter einen gestrauchelten Menschen. Dort schützen und fördern karitative Einrichtungen, die professionell und effizient, unterstützt von Fachleuten, arbeiten. All dies gibt es in Indien nur rudimentär. Diese Situation ist emotional so zwingend, dass Europäer ihr nicht ausweichen können: sie helfen.

Die Spende trifft die armen Menschen, befangen in ihrer mentalen Situation, oft wie ein Schlag. Unvorbereitet, ohne je von einer finanziellen Zuwendung auch nur zu fantasieren, wissen sie nicht, was dieses Geld für ihr Leben bedeuten könnte. Ohne je mehr Geld besessen zu haben als für die nächsten Tage notwendig, sind sie unfähig, ihr Geld zu verwalten. Sie halten sich weiterhin für „arm" wie früher. Bald nachdem ich Gopal die Lehmhütte am Rand von Ghosaldanga gebaut hatte, hörte ich, wie seine Frau die Nachbarin ankeifte, die kam, um sich einen Topf auszuleihen: Was? Wir haben nichts im Haus, wir sind arm, wir haben überhaupt nichts. Das schrie sie empört, obwohl ihre Küche mit neuen Utensilien, auch mit mehreren Aluminium-Töpfen, ausgestattet war.

Entweder fällt es den Armen schwer, das Geld überhaupt auszugeben. Sie argwöhnen, ausgenutzt zu werden; sie horten es ängstlich, weil, einmal ausgegeben, das Geld weg sein wird; sie sorgen sich darüber, dass jede Anschaffung Neid in der Familie und in der Nachbarschaft auslösen könnte. Oder sie geben das Geld bedenkenlos aus, folgen plötzlichen Eingebungen und Attraktionen und stehen am Ende ebenso arm im Leben wie früher, nur frustriert, weil alle Wünsche, die geweckt wurden, plötzlich doch nicht erfüllt werden können.

Die feine Balance der Armut schlägt nach einer Seite aus, und das Leben gerät in Unordnung. Bisher hatten die Armen sich in ihrem Leben eingerichtet und waren zufrieden, weil sie sich nicht vorstellen konnten, es jemals besser im Leben zu haben.

Europäer, die, kaum angekommen, sich in Indien finanziell engagieren, werden von den wohlhabenden Einheimischen oft belächelt. Es herrscht die stereotype Vorstellung, dass Europäer so märchenhaft reich seien, dass keine noch so hohe Spende ihren Reichtum mindern kann. Sie können sich darum auch schwer ausmalen, dass ihre finanzielle Hilfe ein Opfer für diese Europäer sein könnte. Es heißt: Die wollen ihr Geld nur loswerden. Oder: Sie fühlen sich schuldig, weil sie selbst so gut leben. – So setzt man den Idealismus der jungen Menschen herab. Inder sind überzeugt, dass die europäischen Besucher von den Armen über den Tisch gezogen und ausgebeutet werden. Zwar haben sie selbst kein Modell der privaten Entwicklungshilfe, doch sehen sie die Art und Weise der privaten Hilfe als naiv und uneffektiv an. Leider ist diese Haltung nicht nur ein Klischee, das aus Missgunst und Neid entstanden ist, sondern es trifft häufig, mal mehr, mal weniger, zu. Wie wir inzwischen verstehen, ist „helfen" ein komplexes menschliches Abenteuer, zu dem man viel Zeit und Geduld, Einfühlung und Kenntnisse über die Situation der Armen braucht – und nicht nur Geld.

Darum: Bitte langsam, mit Bedacht geben! Geld kann, zum rechten Zeitpunkt und in der passenden Dosierung gespendet, Wunder bewirken. Doch ebenso kann Geld korrumpieren, die Menschen zur Faulheit, zu Dieben erziehen und auf entwürdigende Weise abhängig machen. Noch einmal: Vorsicht! Geld *allein* hilft nie.

Sich Zeit nehmen und das rechte Maß finden sind Regeln, die ein „Helfer" immer wieder verinnerlichen soll. Im Prozess des Gebens und Empfangens ist der Geber ebenso gefährdet wie der Empfänger. Erst wenn die Geber wie die Empfänger das Geben und Empfangen als eine bedeutsame persönliche Herausforderung auffassen, kann beides gelingen.

Geben: Verzicht auf Macht

Es ist eine Illusion zu glauben, helfende Tätigkeit sei von vornherein selbstlos. Im Gegenteil kann dabei ein gewaltiger Ichtrieb am Werk sein, weil helfende Tätigkeit Macht über Menschen, über ihre Gefühle, über ihr gesamtes Leben gibt. Häufig wollen Menschen, die wenig Liebe empfangen haben, sich durch eine helfende Tätigkeit die Liebe, die Anerkennung und den Dank von hilfsbedürftigen Menschen „erkaufen".

Helfen erweckt die Instinkte der Macht manchmal so intensiv, dass es geradezu eine Euphorie auslöst, nicht zuletzt, weil sich arme Menschen ihren „Helfern" bedingungslos ausliefern. Machtgefühle sind Antriebskräfte und Energiespender für viele großartige Werke gewesen. Dennoch müssen sich die Geldgeber und Begleiter der Armen bemühen, konsequent darauf zu verzichten. Echtes Wirken unter den Armen ist nur durch einen Akt der Selbstlosigkeit möglich. Der Fokus liegt auf den Empfängern, nicht auf den Gebern. Das Geben soll die Armen ermächtigen, nicht die Geber. Die Armen fühlen sich gedemütigt und emotional ausgenutzt, wenn die Geber nur geben, um bekannt und gelobt zu werden und vor sich selbst zu bestehen.

Die erste Herausforderung an die Geber ist also, auf die Macht über die Armen zu verzichten. Die Geber müssen zurücktreten und darauf verzichten, sich in der Öffentlichkeit zu präsentieren, vor allem darauf, sich als der Motor der Veränderung darzustellen. Um wie viel echter ist eine solche Veränderung, wenn den armen Menschen das Gefühl gegeben wird, selbst die Veränderung herbeizuführen, also selbst die Handelnden zu sein. Dieses Gefühl kann in ihnen nur wachsen, wenn sie Stolz und Freude über ihre Erfolge empfinden dürfen. Ein Verzicht auf Macht über Menschen ist nicht leicht. Der Wunsch nach Macht hat viele Widerhaken in unsere Seele gesenkt und lässt sich nur schwer herausziehen. Jene, die mit armen Menschen zusammenarbeiten, müssen sich ständig beobachten, damit sie nicht aus Machtwillen handeln.

Empfangen: Verzicht auf Habgier

Nach der anfänglichen Erschütterung und Ratlosigkeit, die das Angebot der Hilfe in den Armen auslöst, folgt die zweite Phase, die *Phase der offenen Möglichkeiten.* Vielleicht zum ersten Mal in ihrem Leben beginnen die Armen zu vergleichen: Ich lebe *so*, und die anderen leben angenehmer; diese haben mehr, obwohl sie weniger arbeiten und unter besseren Bedingungen als ich. Warum? Plötzlich spüren die Armen den Mangel an hundert Dingen. Unzufriedenheit mit ihrer Situation ist das Ergebnis. Obwohl das Geld doch zu ihrer Zufriedenheit beitragen sollte, ist das Ergebnis oft das Gegenteil. Eine solche Unzufriedenheit kann bei Menschen mit Intelligenz und Unterscheidungsgabe kreativ wirken: Sie machen sich auf die Suche nach Möglichkeiten, ihr Leben dauerhaft zu verbessern. Sie bauen eine Wasserpumpe oder eine Toilette, sie kaufen ein Feld oder Zuchttiere wie Ziegen, Hühner und Schweine, um aus der Geldanlage einen ständig wachsenden Gewinn zu erzielen. Wenige Menschen besitzen aber zu

Beginn des Hilfsprozesses einen solchen planenden Weitblick sowie die Disziplin, auf den Gewinn ihres plötzlich empfangenen Geldes lange zu warten.

Nicht nur immer neue Bedürfnisse erwachen, sondern auch Instinkte der Habgier. Wie häufig habe ich erlebt, dass Menschen, die ich einmal unterstützt habe, bald zurückkehrten, um Forderungen zu stellen: Ich will dies oder jenes haben! Ihre Logik ist einfach: Wenn der Geber genug Mittel hatte, mir einmal in dieser Notsituation zu helfen, dann wird er auch genug haben, um ein zweites (und drittes) Mal zu helfen! – Wir müssen uns mit der Tatsache abfinden, dass auch die Armen fähig sind, Menschen auszunutzen und seelisch zu erpressen – die Nicht-Armen eben. In unserem gewohnten Klassendenken stellen wir uns vor, die „Reichen" würden die „Armen" ausnutzen. Wer das Sozialsystem analysiert, wird diese Sicht bestätigt finden, doch auf persönlicher Ebene stimmt auch die Umkehrung. Wie viele emotionale Schikanen viele Arme anwenden, um an ihr Ziel zu kommen, ist leider gut bekannt.

Eine der schwierigsten menschlichen Situationen tritt ein, wenn arme Menschen, denen ich gerade helfen konnte, ohne einen Ausdruck des Dankes oder der Anerkennung sofort weiterfordern, etwa: Mein Bruder ist auch krank!, oder: Mein Sohn braucht übrigens noch Schulbücher, die ich ihm nicht bezahlen kann. In solchen Augenblicken muss ich, um nicht ärgerlich und enttäuscht zu werden, meine ganze Kraft aufrufen und mir, immer wieder neu, Folgendes vor Augen halten: Die armen Menschen stehen an einer anderen Stelle der persönlichen Entwicklung als ich. Ich muss ihnen die Möglichkeit lassen, den gesamten Zyklus ihrer Entwicklung durchzumachen.

Dazu gehören auch die Versuchung der Habsucht und der Egoismus, die sich erst später zu einer Haltung des Teilens und des Verzichts lösen. Diese Lehre vermittelte mir Rathin Kisku, der vor Jahren mit zerrissenem Hemd und abgewetzter Hose zu mir kam. Ich erkannte seine besondere Begabung als Sänger und begann, ihn zu fördern. Er wollte mehr, immer mehr. Bis ich ihm Einhalt gebot und ihm seine Wünsche verweigerte. Darauf sagte er: Aber ich habe im Leben noch nie etwas gehabt! … Inzwischen setzt er sich vorbildlich für seine Eltern ein, gibt seinen Kindern eine gute Schulerziehung und wird hoffentlich eines Tages auch über seine Familie hinaus hilfreich wirken.

Es wäre den Armen gegenüber unfair, nicht mit ihren Schwächen zu rechnen. Oft müssen die Geber, bei aller freundlichen Zuwendung, nicht nur auf den Ausdruck eines Dankes verzichten, sie müssen den Neid derjenigen hinnehmen, die nicht oder in geringerem Maße begünstigt werden konnten. Oder wenn die Hilfe, aus welchen Gründen auch immer, nicht fortgesetzt werden konnte, ist die Reaktion oft Ärger, Argwohn, üble Nachrede, sogar Hass.

In Kalkutta macht eine sarkastische Anekdote die Runde. Der berühmte Gelehrte *Vidyasagar* half vielen Schülern mit Stipendien und war allgemein philanthropisch tätig. Einmal erfuhr er von einem Menschen, der ihn hinter seinem Rücken verleumdete. Vidyasagar reagierte erstaunt: Warum nur? Ich habe ihm doch niemals geholfen.

Es liegt oft eine besondere Art der Demütigung im Geben, die keine rechte Freude daran aufkommen lässt, sondern eher Zweifel entfacht. Wenn immerzu Besucher zu mir kommen, die nur Bitten aussprechen und Hilfe wollen, die mich aber in meiner Persönlichkeit nicht erkennen und schätzen und daran auch nicht interessiert sind, kann es mir dann leichtfallen, herzlich und mit Freude zu geben? Ihr macht mich zu eurem Bankangestellten, der nur Geld austeilt!, sage ich manchmal. Haben die Armen die Hilfe ausgeschöpft, ziehen sie sich zurück und brechen die Beziehung, die so freundlich schien, unvermittelt ab. Sie lassen mich damit klar erkennen, dass sie mich auf subtile Weise nur „gebraucht" haben. Immer wieder muss ich mir dann eben dies veranschaulichen: Sie alle sind arme Menschen, deren Armut für sie das Wesentliche im Leben ist. Sie können mir nichts anderes geben als diesen Mangel und diese Unsicherheit ihres Armseins.

Von der Würde des Gebens und Empfangens

Weder das Geben noch das Empfangen sollen Beschämung und Enttäuschung auslösen. Ich habe viele Arme kennengelernt, die einen ausgeprägten Stolz besitzen, der es ihnen nicht erlaubt, unvermittelt Hilfe anzunehmen. Hilfe, gerade wenn sie als großzügiges Geschenk gemeint ist, reduziert sie zu Bittstellern und Hilfsempfängern. Darum müssen die Geber stets sorgfältig herausspüren, ob die Armen durch bedingungslose Hilfe nicht emotional gekränkt und in ihrem Selbstbewusstsein geschwächt werden. Was ist gewonnen, wenn eine Familie zwar ihr leckes Strohdach reparieren kann, aber in ihrer Selbstachtung gesunken ist und dadurch für eigene Anstrengungen, die Armut zu überwinden, gelähmt wird. Viele Menschen habe ich kennengelernt, für die ihre Selbstachtung wichtiger ist als ihr wirtschaftlicher Fortschritt. Arme Menschen sind verletzlich. Auch wenn sie es geschafft haben, ihren Lebensstandard zu heben, bleiben sie in der emotionalen Unsicherheit der Armut befangen und reagieren entsprechend auf jeden vermeintlichen oder wirklichen Angriff auf ihre Selbstachtung empfindlich.

Eine psychologisch reife Lösung dieses Dilemmas ist, die Armen an der Hilfe zu beteiligen. Sie sollen einen eigenen finanziellen Beitrag leisten, so gering er auch sein mag, damit sie nicht das Gefühl bekommen, es werde ihnen „etwas geschenkt". Zumindest können sie ihre unbezahlte Arbeitskraft zur Verfügung stellen. Der Begleiter wird immer mit der schwierigen Aufgabe ringen, das rechte Maß der Belastbarkeit der Armen zu finden, damit sie genügend selbst herausgefordert sind, jedoch keinen so starken Druck empfinden, dass sie aufgeben.

Den rechten Weg zu finden, auf dem ein Mensch mit Würde Hilfe annimmt und umsetzt, ist überaus schwierig und kann vielleicht niemals ohne Fehler beschritten werden. Zum Beispiel Nilu. Er gehört zu den Ersten in Ghosaldanga, die nach Sona einen Schulabschluss erreicht haben. Er ist ein kräftig gewachsener, etwas schläfriger Mann. Zunächst schickten Sona und ich ihn zu einem medizinischen Kurs in die Nähe von Kalkutta. Schon nach zwei Wochen kehrte er heim. Wie mir Sona später erzählte, drängte es Nilu zurück ins Dorf, weil er sich in die Kindergärtnerin verliebt hatte. Als er mir Jahre später feine, aus Naturfasern gefertigte Schmuckstücke wie Ketten, Armreifen und Ohrgehänge zeigte, ermunterte ich ihn, mehr davon herzustellen, und half ihm beim Verkauf. Einige Jahre erhielt er damit ein respektables Nebeneinkommen. Dann half ich ihm, einen Laden in seiner

Hütte aufzumachen. Denn das älteste Geschäft blieb immer häufiger abends geschlossen, weil der Besitzer schon nachmittags begonnen hatte zu trinken. Eine Weile erhielt Nilu einen regelmäßigen Verdienst. Doch die Regelmäßigkeit, mit der er abends und morgens in seinem Laden ausharren und auf Kunden warten musste, behagte ihm nicht. Kein Besuch bei den Schwiegereltern, kein Kino in Bolpur, kein ausführliches Schwätzchen mit Verwandten im Nachbardorf … das Leben hatte keinen Geschmack mehr! Auch er ließ immer häufiger die Tür verriegelt und sein Geschäft schlief ein. Noch zweimal half ich ihm, den Laden wieder neu zu eröffnen.

Immerhin hatte Nilu so viel Umsatz, dass er ein kleines Haus baute und daneben eine Toilette. Und ins Haus stellte er auf den Lehmboden einen Fernsehapparat mit einer kleinen Schüsselantenne. Nilu zeigte mir stolz das Haus. Nachdem ich ihn sehr gelobt hatte, setzte er zu einer Bitte an: Seine beiden kleinen Neffen im Nachbardorf wollte er in ein Schülerheim schicken, damit sie, gut versorgt, in der Schule konzentriert lernen könnten. Ob ich ihm nicht helfen könne – zwei Jahre lang.

Wäre es nicht vernünftiger gewesen, auf das Fernsehen mit Schüssel zu verzichten, um den beiden zu helfen?, fragte ich.

Nein, ich wollte diese strenge Frage stellen, aber ich tat es doch nicht. Mir war bewusst, dass ich gegen den Sog, einen Fernsehapparat zu besitzen, nicht ankämpfen konnte. Ich bezahlte zwei Jahre lang die Gebühren für das Schülerheim. Nilus Entwicklung ist typisch: Der Weg zum bescheidenen Wohlstand ist mit zahllosen kleinen Misserfolgen und Niederlagen gepflastert.

Ebenso wichtig ist es, die Würde des Gebers oder Begleiters zu bewahren. Man möchte meinen, dass die Begleiter aufgrund ihrer besseren Bildung und ihres höheren gesellschaftlichen Status ihre Würde selbst verteidigen können. Sie besitzen Selbstbewusstsein, sie haben viele Freunde und Kollegen, mit denen sie verkehren, Hobbies, die sie pflegen und genügend Besitz, auf den sie sich stützen …

Doch bestimmt sich die Würde aus dem Besitz und Status eines Menschen? Auf viele Entwicklungshelfer und Vertreter von Nichtregierungsorganisationen, für die Armutsbekämpfung nur ein bezahlter Job und kein inneres Anliegen ist, mag diese Definition von Würde sogar zutreffen; sie arbeiten mit einer inneren Distanz zu den Hilfsbedürftigen. Doch wie steht es mit den vielen Menschen, die sich bemühen, ins Herz der Armen einzudringen, in ihre Situation voll von Spannungen und Paradoxen und Irrationalität, um sie durch ein gutes Beispiel, durch Führungsqualitäten, mit maßvoller Begleitung über einen längeren Zeitraum hinweg aus ihrer Armut herauszuführen und sie unabhängig zu machen? Sie sind Pioniere, selbst wenn sie innerhalb von bekannten und erprobten Strukturen wirken. Denn als Begleiter der Armen machen sie tausend Entdeckungen, erstaunliche und bedrückende, erfreuliche und unverständliche, und können sich nie ganz sicher sein, ob sie eine Situation in allen ihren Aspekten verstehen. In der unstrukturierten Grauzone eines armen Lebens kann sich jederzeit Unerwartetes ereignen. Die Menschen, die sich darauf einlassen, stehen meist in der Gesellschaft allein, sogar einsam, sie werden kaum wahrgenommen. Prestige und Ehre erhalten sie durch die indische Gesellschaft nicht, allenfalls von bestimmten Gruppen: den Kirchen, den Missionsgesellschaften und den einschlägigen Organisationen. Ihre Würde als Person ist durchaus zerbrechlich.

In Indien werden Menschen, die sich für die Armen einsetzen, von der Gesellschaft allzu häufig als Versager angesehen. Sie haben das eine große Ziel der Mittelklasse, nämlich eine Anstellung bei der Regierung, bei einer Bank oder in einem renommierten Konzern nicht erreicht. Also tun sie etwas anderes, um ihren Bauch zu füllen. So ist die allgemeine Haltung.

Der psychologische Hintergrund dieser Haltung ist wohl, dass ihre Arbeit irritiert. Mutter Teresa und ihre Ordensgemeinschaften irritieren die mittlere und obere Gesellschaftsschicht Kalkuttas, weil jene durch diese Arbeit unter den Ärmsten an deren Existenz erinnert werden. Wenn sich Europäer oder Amerikaner engagieren – zum Beispiel besuchen Hunderte nach wie vor die Häuser von Mutter Teresas Orden, um in ihnen zu arbeiten –, werden sie von Indern der Mittelschicht sogar belächelt.

Ein Aspekt der Verletzlichkeit betrifft mich: Ich habe mich in Ghosaldanga und Bishnubati immer wieder gedemütigt gefühlt, wenn Versprechen, die meine Mitarbeiter ohne Druck abgelegt haben, nicht eingehalten wurden, wenn ich hinter ihnen herlaufen musste, um gewisse Dinge, von denen nur sie selbst und ihre Dorfbewohner profitierten, in die Wege zu leiten. Bequem, nachlässig ließen sie sich von mir „bedienen". Ich bat sie um einen Telefonanruf, doch schließlich musste ich selbst sie anrufen. Ich bat um eine Nachricht, aber ich selbst musste sie einholen. Ich erinnerte sie an Aufgaben, die sie eigentlich aus sich selbst hätten wahrnehmen sollen. Tausendfach sind die Beispiele einer solchen gedankenlosen Unkollegialität.

Häufig war ich versucht, die Menschen einfach sich selbst zu überlassen. Nur weil ich mir Tag für Tag bewusst machte, dass ich nicht mit den Armen lebte, um daraus emotionale Zufriedenheit zu schöpfen, sondern weil es mein christlicher Auftrag ist, habe ich nicht aufgegeben.

Allmählich entfernen sich diese Freunde von mir. Einerseits brauchen sie meine tägliche Unterstützung nicht mehr, wofür ich dankbar bin. Anderseits aber werden die Ideale des Dienstes an den Mitmenschen, Ideale, mit denen sie ihr Arbeitsleben begonnen hatten, bei manchen schwächer; das bedaure ich. Nachdem sie ein gesichertes Einkommen erhalten und eine Familie gegründet haben, sind sie nun mit der Vermehrung ihres sozialen Status beschäftigt. Können sich die Armen mit ihnen, als ihren Begleitern und Vertrauten, weiterhin identifizieren?

Was mich betrifft, wird es nach 25 Jahren enger Zusammenarbeit möglich sein, dass die Freunde ein waches Auge dafür bekommen, *meine* Bedürfnisse zu erkennen? So dass unsere Beziehungen mehr und mehr partnerschaftlich werden? Mein Wunsch ist, dass sie dazu fähig sind, unabhängig von mir weiterzuwirken, zu entscheiden und zu handeln, aber auch dass sie mir zugetan sind und mit mir in Verbindung bleiben.

Bisher haben sie mich als den „starken", stets präsenten und mitwirkenden „älteren Bruder" erlebt, der niemals Schwäche zeigte, so dass man ihm hätte beispringen müssen. Dieses Klischee aufzubrechen scheint schwierig. Statt einer Verwandlung der Beziehung ist eher eine Ablösung zu erkennen. Ich glaube, meine Situation ist typisch.

Das Ziel des begleitenden Helfens

Zwei Phasen in der mentalen Entwicklung der Armen hatte ich beschrieben: Zunächst sind sie erschüttert und ratlos, wenn sie Hilfe erhalten; ihre mentale Welt gerät durcheinander. Danach integrieren sie die Möglichkeit der Hilfe. Sie weckt Bedürfnisse, oft auch Gier und kann zu unrealistischen Erwartungen und Forderungen führen. In der *dritten Phase* muss darauf das Pendel, das von einem Extrem (der hilflosen Armut) zum entgegengesetzten Extrem (des Alles-haben-Wollens) ausschlug, in einer mittleren Position anhalten. Was ist diese mittlere Position?

Zu Anfang wurde betont, dass hinter allen finanziellen und materiellen Zuwendungen immer eine erzieherische Absicht steht. Die Armen sollen nicht nur einen besseren materiellen Lebensstandard erreichen, sondern sich gleichzeitig und im Zuge der wirtschaftlichen Verbesserung ganzheitlich entfalten können: ihre praktischen und intellektuellen Fähigkeiten ausbilden, ihre ethischen und gesellschaftlichen Kräfte stärken.

Die mittlere Position ist erreicht, wenn die Armen in bescheidenem und gesichertem Wohlstand leben, aber nicht in jene Klasse von Menschen aufstreben, die für die Nicht-Privilegierten keinen Blick übrig hat. Ziel ist nicht höheres soziales Prestige und größere Macht über Menschen, auch nicht die Nachahmung einer oberflächlich verwestlichten, vergnügungssüchtigen Mittelklasse. Sondern Ziel ist, dass jene Menschen die Bedeutung eines Lebens für andere, die ihre Begleiter motiviert hat, verstehen und selbst als Wert weitertragen.

Materieller Wohlstand soll das Leben eben nicht nur bequemer und sicherer machen, sondern er birgt auch Werte – ein Ideal – in sich. Das ist zunächst schwer zu vermitteln. Der materielle Wohlstand soll *frei* machen, er soll den ehemals armen Menschen erlauben, sich aus ihren Gefängnissen enger Traditionen, Gedanken und Vorstellungen zu lösen. Kulturell und gesellschaftlich können sie sich nun kreativ bisher ungekannte Erlebnisbereiche eröffnen – ein Fest oder einen Jahrmarkt, eine Theatervorstellung oder einen Abend mit Volksliedern besuchen. Sie können lesen und Briefe schreiben. Vor allem können sie kleine Reisen unternehmen, um Verwandte und Freunde oder um Wallfahrtsorte und kulturell bedeutende Stätten zu besuchen. Mehr als andere Erlebnisbereiche kann vernünftiges und gezieltes Reisen die Menschen mental und geistig öffnen. Sie ernähren sich gesund und gehen mit Krankheiten sachgemäß um. Nichts von alldem war ihnen früher möglich gewesen. Vor allem aber: Sie können ihre Töchter und Söhne mit einer Sorgfalt erziehen, die sie von ihren Eltern nicht erhalten haben und nicht verlangen konnten.

Zwei Beispiele: Monotosh und Satya Narayan

Menschen, denen es gelungen ist, zu einer solchen soliden mittleren Position zu finden, sind selten. Ich kenne Monotosh, der in einem verslumten Viertel von Bolpur wohnt. Seine Eltern waren als junge Erwachsene aus einem Dorf in die Stadt gezogen, um Arbeit zu finden. Beide sind Analphabeten. Monotosh wurde mir vorgestellt, als er noch ein Schüler in der siebten oder achten Klasse war. Ich bestellte ihn jeden Nachmittag zu mir, damit er mir ein wenig half. Ich schickte ihn für kleinere Einkäufe in die Geschäfte, bat ihn, Reparaturen im Zimmer auszuführen und zu den Ämtern zu gehen, wenn ich zum Beispiel melden wollte, dass seit Stunden der Strom ausgefallen sei und die Leitung repariert werden müsse. Dadurch lernte Monotosh Regelmäßigkeit, Effizienz und den Umgang mit unterschiedlichen Menschen. Als Gegenleistung bezahlte ich seinen Nachhilfeunterricht.

Da Monotosh intelligent war und leicht lernte, schaffte er den Schulabschluss spielend; doch danach tat er sich schwer. Mit der elften Klasse ging er ab, und ich schickte ihn zu einer einjährigen Elektrikerausbildung in die Nähe von Kalkutta. Dort lernte er nicht nur einen Beruf, sondern auch, sich mit Menschen aus unterschiedlichen Regionen Nordindiens zu verständigen. Er lernte Alltagsdisziplin, denn er wohnte in einem Ashram mit einem geregelten Tagesablauf.

Nach Bolpur zurückgekehrt, kaufte ich Monotosh die Instrumente, die er als Elektriker brauchte. Jeden Vormittag ging er zu einem Elektrogeschäft, setzte sich hin und wartete auf Kunden; er behob die elektrischen Schäden in ihren Häusern. Er besuchte auch die Bauunternehmer und bot sich an, die elektrischen Leitungen in Neubauten zu legen. Es dauerte einige Monate, bis sich herumgesprochen hatte, dass in „Ding-Dong" ein junger, ausgebildeter Elektriker saß, der zuverlässig arbeitete.

Die Leute aus dem Mittelstand versuchten ihn zu spottbilligen Preisen zu engagieren oder versprachen ihm den üblichen Lohn, aber bezahlten ihm später nur zwei Drittel davon. Oder sie sagten: Komm bei mir vorbei, und Monotosh musste hinter den Kunden herlaufen, damit sie bezahlten. Kurzum, obwohl seine Kunden zufrieden waren, kam er nicht zu seiner gerechten Vergütung, weil Monotosh angesichts ihrer kleinlichen Tricks machtlos war. Er war zu jung, zu unerfahren, zu naiv, um sich gegen diese „Herren“ durchzusetzen.

Monotosh brauchte einen Rahmen, innerhalb dessen er seine Fähigkeiten entfalten konnte. In der Unabhängigkeit der Berufsausübung konnte er als niedrigkastiger Mann aus dem Milieu der Armen nur schwer gegen den scharfen Wind der Konkurrenz angehen. Da wir einen geschulten Handwerker für unsere Dorfarbeit dringend brauchten (und in den Dörfern noch keiner herangebildet werden konnte), boten wir ihm eine Arbeit an. Jahrelang verrichtete er alle Reparaturen, alle handwerklichen Tätigkeiten in Ghosaldanga und Bishnubati. Dann übergaben wir ihm den Aufbau einer großen biologischen Obstplantage. Darin arbeitet er bis heute – pflegt die Bäume, düngt sie, erntet und verkauft, bildet sich weiter und möchte für unseren Dorfverein höhere Gewinne erzielen. Er handelt selbstständig und mit Energie, ist aber aufgenommen in den größeren Rahmen der Dorforganisation.

In Santiniketan erwarb er das Vertrauen von zwei Hausbesitzern, die ihn als Hausmeister und Aufseher eingesetzt haben. Monotosh log nie, war immer zur Stelle, wenn man ihn brauchte, zuverlässig und genau. Dadurch erhielt er einen zweiten Verdienst.

Zu Hause hat er über die letzten fünfzehn Jahre ein kleines Ziegelsteinhaus mit Brunnen und Toilette bauen können. Davor wohnte die Familie in einer niedrigen, baufälligen Lehmhütte. Er hat Strom in sein Haus gelegt und gleichzeitig für seinen Cousin nebenan, einen Maurer, gesorgt. Sein Sohn Indranil hat eine gute Schule in Bolpur besucht und macht zurzeit einen Computerkurs. Während ich dies schreibe, hat er mir seine erste E-Mail geschrieben, sogar mit Anhang.

All dies ist nicht ohne Hilfe möglich gewesen. Doch Monotosh hat zweierlei gut verstanden: Erstens: Der Aufbau muss allmählich vorangehen. Daher darf er mich nicht überfordern, sondern er muss mein Hilfeangebot ohne Habgier und Hast annehmen, so dass auch ich mich bei meiner Begleitung wohlfühlen kann. Auch seine Frau und seine Eltern dürfen ihre Erwartungen nicht unvernünftig hochschrauben. Immerhin musste Monotosh daran denken, dass er den Erhalt und die Pflege seines Fortschritts aus dem eigenen Gehalt bezahlen konnte.

Zweitens: Monotosh war bereit, selbst zu dem Aufbau beizutragen. Er sparte Geld, er legte es hochverzinst für einige Jahre an, dann kam er zu mir und sagte: Ich habe zehntausend Rupien gespart, legst du dieselbe Summe drauf, damit ich mir einen Brunnen bauen kann? Wer so spricht, hat die Werte menschlicher Entwicklung verstanden.

Satya Narayan lernte ich kennen, als er noch in kurzen Hosen ging; er war sieben oder acht Jahre alt. Sein Vater saß den ganzen Tag am Straßenrand und flickte Fahrräder. Satya Narayans Großvater, ein Botengänger an der Universität von Santiniketan, starb, und das Glück wollte, dass dessen Stelle Satya Narayans Vater übertragen wurde. Vom Fahrradflicker zum Botengänger, das war ein Riesensprung, vor allem im Verdienst … Satya Narayan schaffte es bis zum Abschluss der zwölften Klasse.

Ich fragte ihn: Was willst du jetzt machen? Ich schicke dich zu einem Kurs, einem Trainingsprogramm – was willst du tun?

Normalerweise können sich junge Menschen nicht für einen Beruf entscheiden. Sie haben noch nicht gelernt, eine Wahl zu treffen. Bisher haben die Eltern oder ein Onkel die Entscheidungen für sie getroffen. Später werden die Älteren auch den Ehepartner auswählen, nicht der Junge. Satya Narayan wusste noch gar nicht, welche Berufe es gab, welche Kurse, und vor allem wusste er nicht, welche Neigungen und Begabungen er besaß. Darum hockte er stumm vor mir und konnte keinen Vorschlag machen.

Einige Monate arbeitete er in meinem kleinen Haus. Er kochte mittags die Suppe, ging zur Bank und zur Post. Anfangs musste jemand ihn zur Post begleiten, weil er nicht wusste, wie man einen Brief aufgibt. Nach und nach lernte er die Welt außerhalb von Familie und Schule kennen. Ich machte ihm verschiedene Vorschläge, aber Satya Narayan blieb stumm. Ich habe die Erfahrung gemacht, dass junge Menschen, die aus armen Verhältnissen herauswachsen wollen, emotional und mental keine sprunghafte Entwicklung annehmen können, auch wenn sie dazu die Chance bekommen. Sie suchen sich unweigerlich einen Beruf aus, der nicht sehr weit von dem Beruf des Vaters oder dem Gesichtskreis der Familie liegt.

In den Dörfern ist der Sprung vom Bauern, der von seinen Feldern lebt, zum Handwerker, der mit seinen Instrumenten arbeitet, ein paradigmatischer Lebenswechsel, der innerhalb einer Generation nur mit viel Begleitung und Kraft der Persönlichkeit gemeistert werden kann.

Satya Narayans Vater hatte vor einigen Jahren Gläser mit homöopathischen Globuli gekauft und sich ein wenig in die Homöopathie eingelesen. Den Nachbarn verabreichte er unentgeltlich Mittel, und manchmal halfen sie. Satya Narayan hatte immer dabeigesessen, wenn der Vater abends über seinem Kästchen mit winzigen Gläsern brütete. Er hatte interessiert nachgefragt und fühlte sich von dieser seltsamen Wissenschaft angezogen.

Ich möchte Homöopath werden, sagte er mir, und er wusste auch, wo es einen Kurs gab, der zu seiner schulischen Qualifikation passte. Den Kurs bezahlte ich ihm; Satya Narayan war eifrig und begeistert dabei und praktizierte schon nebenher. Wir spürten beide, dass die Homöopathie seinen Anlagen entsprach. Nach dem einjährigen Kurs wollte er sich als Homöopath niederlassen. Er baute einen Verschlag am Tor seines Hofes und saß abends dort und wartete auf Patienten. Die ganze Nachbarschaft kam mit ihren Schmerzen und Fragen. Aber sie wollten ihrem Nachbarjungen Satya Narayan, den sie seit seiner Kindheit kannten, nichts bezahlen. Das ist Nachbarschaftshilfe, dafür gibt's kein Geld!

Satya Narayan kam zu mir und sagte, dass es in einer gewissen Nachbarschaft am Rande von Santiniketan keine Arztpraxis gebe, weder für Schulmedizin noch für Homöopathie. Er könne sich dort ein Fleckchen Land kaufen und eine kleine solide Hütte und … und … Doch war ich nicht überzeugt, dass Satya Narayan in dieser Gegend, in der der obere Mittelstand wohnte, eine erfolgreiche Praxis aufbauen könnte.

Satya Narayan absolvierte einen Erste-Hilfe-Kurs und einen Ernährungskurs. In seiner Nachbarschaft wurde er nun oft gerufen, wenn jemand zum Arzt oder zum Krankenhaus gebracht werden musste. Auch aus Ghosaldanga und Bishnubati kamen Hilferufe. Satya Narayan machte in seiner liebenswürdigen und bescheidenen Art die Bekanntschaft mit den Ärzten in Bolpur und im Krankenhaus. Nach einigen Monaten wusste er, welche Fachärzte an welcher Straßenecke ihre Praxen hatten und an welchen Tagen sie Patienten annahmen und welche von ihnen am beliebtesten waren. Rasch lernte er auch die Krankenschwestern im Krankenhaus kennen. Er begleitete Kranke bis zur nächsten Großstadt, nach Burdwan, im Krankenwagen. Das Elend, das Chaos, der Gestank und der Lärm der Krankenhäuser schreckten ihn nicht ab.

Dadurch wurde er zum unschätzbaren Mittelsmann zwischen den armen Patienten und den Ärzten. Er war zu den Patienten rücksichtsvoll, scheute nicht die unangenehme Arbeit, etwa Wunden zu verbinden und die Kranken zu säubern. Er blieb ruhig und wusste, wie er sie ermutigen konnte. Er hatte Geduld, vor allem liebenswürdige Geduld. Und ebenso wichtig: Er war immer gut angezogen: sauberes, gebügeltes Hemd und eine gepflegte Hose. So konnte man mit den Ärzten und Krankenschwestern selbstbewusst sprechen!

Es dauerte nicht lang, bis er von unserem Dorfverein eine Halbtagsstelle bekam. Eine Schule unweit von Ghosaldanga stellte ihn als Gesundheitshelfer ein. Die deutsche Kinderärztin Dr. Monika Golembiewski, die seit vielen Jahren ihren Urlaub in unseren Dörfern verbringt, um einen Gesundheitsdienst aufzubauen, wurde auf Satya Narayan aufmerksam; seit einigen Jahren arbeiten sie eng zusammen. Seine Stelle ist inzwischen ganztägig.

Er hat ein Haus und eine Toilette gebaut, eine Wasserpumpe installiert und Strom ins Haus gelegt. Er fährt inzwischen ein Motorrad und ist ein wenig rundlich geworden. Doch sagte er mir kürzlich: Satya Narayan bleibt Satya Narayan! Damit meint er, dass ihn sein materieller Wohlstand nicht verwöhnen und seine Haltung zu den Armen nicht verändern wird.[3]

„Satya Narayan bleibt Satya Narayan." – Genau das ist die Herausforderung für den Empfangenden wie für den Geber. Die Empfangenden müssen reif und in sich gefestigt werden, um die Hilfe sowohl für ihr Leben und das der Familie fruchtbar zu machen als auch weiterzugeben an Menschen außerhalb der Familie. Die pädagogische Führung muss auf partizipatorischer Zusammenarbeit bestehen. Die Geber dürfen nur beisteuern, was die Empfänger aus eigener Kraft nicht leisten können. Es zeigt enorme Reife, wenn arme Menschen selbst verstehen, was sie brauchen, um sich aus der Armut zu befreien, und nicht mehr für sich annehmen als genau dieses Maß und jeden kleinen Überschuss an Bedürftige weitergeben.

Wir in Europa überschreiten dieses Maß der Genügsamkeit mit erschreckender Selbstverständlichkeit, trotz unserer Bildung, trotz unserem Zugang zu Informationen über die Situation der Welt und trotz unserer christlichen Prägung. Aber damit betreten wir das Gebiet des nächsten Kapitels.

---

3 In meinem Buch *Ghosaldanga. Geschichten aus dem indischen Alltag,* Göttingen 2006, habe ich mehrere Episoden aus dem Familienleben von Monotosh und Satya Narayan erzählt.

Bildlegenden

S. 157: Im Jahr 1996 eröffnete der Dorfverein von Ghosaldanga und Bishnubati den *Rolf Schoembs Vidyashram,* eine alternative Privatschule für Santals. Die Kinder werden in ihrer Sprache unterrichtet und allmählich in die offizielle Schulsprache, das Bengalische, eingeführt. In dieser Schule soll Lernen Freude machen; deshalb ist der Lehrplan dem Lebensgefühl der Santals angepasst: Lieder, Tänze, Kinderreime und Malen gehören zum Schulalltag. Zur Eröffnung pflanzten wir einen Baum. (Foto Samiran Nandy)

S. 158–159: Sona Murmu im Gespräch mit Bauern aus Ghosaldanga, die nach der Ernte Reis dreschen. (Foto Samiran Nandy)

S. 160–161: Boro Baski unterrichtet Kinder in der Santal-Schule. (Foto Samiran Nandy)

S. 162: Monotosh Das im Obstgarten, den er in der Nähe unserer Schule aufbaut. (Foto Samiran Nandy)

S. 163: Satya Narayan Ray untersucht die Kinder von Ghosaldanga und Bishnubati. (Foto Samiran Nandy)

S. 164–165: Alle Kinder bekommen nachmittags und frühmorgens Nachhilfeunterricht und eine Hausaufgabenbetreuung. (Foto Samiran Nandy)

S. 166: Das Symbol indischer Dörfer: der Ochsenkarren, hier hochbeladen mit Reisstroh, das die Dorfbewohner verkaufen. (Foto Thomas Kämpchen)

3 Wie sollen wir uns angesichts der Armut verändern?

Was sollen wir tun?

Welche Haltung können wir in Europa angesichts der Armut in Indien und in anderen Ländern einnehmen? Welche unausgesprochenen Herausforderungen stellen die Armen durch ihre Existenz an uns?

Erstens: Wir können *nach Indien fahren* oder in andere arme Länder und einige Wochen oder Monate in einem Slum- oder Dorfprojekt mitarbeiten. Es ist möglich, immer wieder hinzufahren. Zum Beispiel heißen Mutter Teresas Sterbehäuser und Waisenhäuser zahllose Volontäre aus aller Welt willkommen.

Zweitens: Wir können *Vereine und Institutionen in Deutschland* oder anderswo, die solche Projekte in einem armen Land durchführen, finanziell *unterstützen*, können Mitglied werden und andere zum Mitmachen motivieren.

Drittens: Wir können *den Armen, Marginalisierten, Unglücklichen, Kranken und Alten in unserem Land unsere helfende Aufmerksamkeit und tätige Nächstenliebe schenken*, uns auf ihre – für uns fremde – Lebenssituation einlassen und sie in unseren Lebensbereich aufnehmen; wir können die Ausländer, die sich noch ausgegrenzt fühlen, die Menschen in Asylunterkünften, Krankenhäusern, Altenheimen und Behindertenheimen besuchen und einige von ihnen auf längere Zeit begleiten.

Schritte zu einer neuen Lebensweise

Die ersten Schritte zu einer neuen Lebensweise

Dies sind drei Antworten auf die Eingangsfrage, die wir uns vielleicht schon selbst gegeben haben. Vielleicht besitzen wir sogar den Mut, eine, zwei oder alle drei dieser Antworten in die Wirklichkeit umzusetzen und in unsere Lebensmitte zu stellen. Sie sind unabweislich; jeder von uns zumindest sollte eine finden und an ihr festhalten.

Die Frage „Wie sollen wir uns verändern?" meint aber noch etwas anderes. Eine tiefere Veränderung wird damit von uns erwartet, als auf die Wirklichkeit der Armen in Indien und in Europa mit Taten und Geld zu antworten. Zusätzlich und wesentlicher ist eine *neue Lebensweise* gefordert. Wir sollen nicht nur von unserem Überfluss an Geld, an Material und an Zeit abgeben, aber ansonsten so leben wie bisher, sondern die Grundlagen unseres Lebens überdenken und neu festlegen. Dabei sind nicht nur Armut und Krankheit in der Welt ein Gesichtspunkt, sondern auch globale Erwärmung, Umweltzerstörung und Ungerechtigkeit.

Stellen wir uns – wo wir auch gerade leben – ins Zentrum der Welt! Nämlich ins Netz des Lebens, das über die gesamte Erde ausgespannt ist. Fühlen wir uns – wo wir auch gerade leben – mit den Menschen in unserer Familie, in unserem Dorf oder unserem Stadtteil, unserem Land und in allen Ländern verbunden. Das soll kein verträumt-romantisches Gefühl sein, sondern die lautere und genaue Antwort darauf, dass wir uns als Christen dem Gebot der Nächstenliebe verpflichtet fühlen.

Es gibt zunächst zwei Aspekte dieser Herausforderung. Erstens: Wir *informieren uns über den Zustand der Menschen in der Welt.* Wir kommen ihnen näher durch unser Wissen, das wir in Zeitungen, im Fernsehen, im Internet, in anderen Medien, durch Gespräche und Briefwechsel erwerben. Informieren wir uns über die Strukturen der Ungerechtigkeit, über Umweltzerstörung und globale Erwärmung! Informieren wir uns über die Anstrengungen Einzelner und verschiedener Organisationen, Armut und Krankheit zu überwinden! Suchen wir nach Bezügen zwischen diesen geografisch entfernten Verhältnissen zu unserer Situation in Europa! Gibt es wirtschaftliche Ausbeutung der armen Länder durch die Handelsbedingungen, die die wohlhabenden Länder diktieren? Beuten multinationale Konzerne die Bodenschätze und anderen Ressourcen zum Nachteil der Armen aus? Inwieweit beuten die Regierungen der Entwicklungsländer ihre eigene arme Bevölkerung zum Vorteil der Oberschicht und des politischen Establishments aus? Seien wir informiert und wach, dringen wir immer tiefer ein in die Strukturen von Wirtschaft und Gesellschaft in dieser Welt!

Informationen allein helfen niemandem, doch sie bewahren uns vor Naivität, vor falscher Gläubigkeit gegenüber unseren eigenen Wirtschafts- und Gesellschaftsformen sowie denen der armen Länder. Sie zeigen uns auch, wie stark die armen Länder selbst, etwa durch Korruption, durch binnenländische strukturelle Ausbeutung und gesellschaftliche Ungerechtigkeit Armut verursachen und zementieren.

Zweitens: Wir *sehen in allen Menschen Nächste*, wert unseres Interesses und unserer Hilfsbereitschaft. Das ist eine harte Übung! Meist schützen wir uns vor der Konfrontation mit den Problemen anderer Menschen mit einer Haltung der Abkapselung. Das geht mich nichts an!, sagen wir, wenn wir eine alte Frau sehen, die mühevoll am Stock über den Bürgersteig geht. Dagegen können wir doch nichts tun!, sagen wir, wenn wir von den Erdbebenopfern in Haiti lesen. Das verstehen wir nicht!, sagen wir, wenn wir erfahren, dass Regierungen und Industriekonzerne Zigtausende Menschen von ihren Feldern und aus ihren Dörfern vertreiben, weil Platz für Staudämme, Industrieanlagen und Wohnhäuser benötigt wird.

Diese abwehrende Haltung aufzubrechen ist eine notwendige Übung. Durch Informationen erreichen wir bereits eine intellektuelle Nähe zu den Menschen in fernen Ländern. Genauso wie wir uns über die Großwetterlage unserer Erde informieren sollen, brauchen wir aber diese innere Offenheit gegenüber allen Menschen – gleichgültig ob wir ihnen in unserem Lebensumkreis begegnen oder nicht. Dazu gehört eine *Grundsympathie* gegenüber den Menschen, die auch dann nicht verweigert wird, wenn uns gewisse Handlungen, gewisse visuelle Eindrücke unverständlich bleiben oder abstoßen. Diese Grundsympathie muss ständig innere Hindernisse überwinden, sich gegen Vorurteile und Erwartungen verwahren und eigene innere Dispositionen und Launen berücksichtigen und relativieren. Es verlangt von uns eine außerordentliche Energie, diese Offenheit in uns zu hüten, angesichts einer übergroßen Fülle von Menschen und Eindrücken, auch angesichts einer Flut von Problemen und Sorgen, die an uns herangetragen wird.

Es ist nicht möglich, diese Offenheit allzeit zu erhalten. Erschöpfung, die Bewältigung unserer eigenen Probleme und Zweifel, die Aufgaben in unserer Familie und im Beruf stehen uns jederzeit näher und drängen anderes in den Hintergrund. Doch das *Ideal* der Offenheit sollten wir aufrechterhalten. Die Nächstenliebe erfüllt sich nicht in großen Gefühlen, sondern ist vom *Willen* zu lieben getragen.

Wir hören nicht bei den Menschen auf. Nächstenliebe umfasst auch die *gesamte belebte und unbelebte Schöpfung.* Uns mit ihr in Beziehung zu setzen, ist eine Voraussetzung dafür, dass wir *gerecht* in der Natur und mit unserer Umwelt koexistieren.[4] Diese Beziehung soll ohne romantische Gefühle sowie ohne Auswahl und Vorlieben geschehen, denn es geht hier nicht darum, bloß unseren Sinn für Schönheit oder unsere Freude an Wald und Wiese, an guter Luft und an weiten Horizonten zu pflegen. Es geht vielmehr darum, ein *Mit*geschöpf inmitten der Schöpfung zu sein und entsprechend zu handeln. Dieses Bewusstsein

---

4 Diese Lebenshaltung der Achtsamkeit und Sympathie gegenüber den Menschen und der Natur habe ich ausführlich in meinem Buch *Einfach tun. 44 Schritte zur Lebenskunst* (Reinbek bei Hamburg 2009) beschrieben.

ist ebenso eher vom Willen als von Gefühlen bestimmt, denn es schließt das Hässliche, Beschädigte und Geschundene in der Mitwelt ein, zu dem wir über positive Gefühle keinen leichten Zugang finden.

Weitere Schritte zu einer neuen Lebensweise

Als liebende Menschen sind wir von dem Wunsch beseelt, *gerecht* in der Welt zu leben: gerecht gegenüber den Mitmenschen und der Mitschöpfung. Das Wort „gerecht" ist mehrmals gefallen; was ist hier damit gemeint? Wie können wir „gerecht" leben? Das Ideal heißt: Wir wollen so leben, dass – lebten alle Menschen so wie wir – eine gerechte Menschengemeinschaft entstünde, in der die materiellen und geistigen Güter jeweils entsprechend den echten Bedürfnissen und der echten Notwendigkeit verteilt sind.

Es ist der bekannte kategorische Imperativ, angewandt auf die globale wirtschaftliche und geistige Situation unserer gegenwärtigen Welt. Diese moralische Forderung ist alt, wir tragen sie als abendländische Forderung in uns.

Unsere Grundsympathie drängt uns zu dem Wunsch, dass andere Menschen – wo sie auch leben – in derselben Weise ihr Lebenspotenzial ausschöpfen wie die Mehrzahl der Menschen in den wohlhabenden und freien Gesellschaften des Westens. Wir wollen uns dafür einsetzen, dass dies geschieht. Sei selbst der Wandel, den du in der Welt sehen willst, sagte Mahatma Gandhi.

Ist es überhaupt möglich, in dieser Welt gerecht zu leben? Das gerechte Leben ist vermutlich ein unerreichbares Ideal. Die Ungerechtigkeit ist die Erbsünde unserer modernen Welt. Sie ist mit den Strukturen unserer Gesellschaft verwoben, und wir alle partizipieren an diesen Strukturen und nutzen sie für unseren beruflichen Erfolg und unsere materielle Lebenserfüllung. Auch wir sind in diesem Sinn unfreie Menschen, die nicht anders können, als die vorgegebenen ungerechten Strukturen zu nutzen.

Was können wir also tun? Zweierlei: Einmal können wir unsere Verstrickung mit den Strukturen, unsere Abhängigkeit davon für unseren Erfolg und unsere Erfüllung bewusst lockern, so dass unser Leben dem Ideal der Gerechtigkeit näherkommt.

Dann können wir *eine* Form des Handelns wählen, die anderen Menschen – wo sie auch leben – nützt. Zu Beginn dieses Kapitels habe ich drei Möglichkeiten formuliert, wie sich unser Leben mit dem anderer Menschen verbinden kann. Es ist klug, nur eine Möglichkeit des Engagements zu nutzen, sie aber mit Beharrlichkeit zu verfolgen – ohne freilich die allgemeine Offenheit für die Menschen und unsere Grundsympathie aufzugeben. Denn wer sich in einem Dutzend unterschiedlicher Engagements und Hilfeleistungen verzettelt, dem geht die innere Sammlung verloren, die innere Ausrichtung und menschliche Verpflichtung und schließlich auch die eigene Zufriedenheit. Glücklich die Menschen, die früh im Leben ein solches Engagement gefunden haben und es, unbehindert von Beruf und Familienleben, verfolgen dürfen!

Unsere Aufgabe ist dann, dieses Engagement und unsere Grundausrichtung der Nächstenliebe zu einer Lebensweise zu verbinden, bei der das Engagement und die Nächstenliebe eine sich gegenseitig bedingende und ergänzende Einheit bilden. Die Nächstenliebe motiviert das Engagement und füllt es mit Energie; das Engagement ist

Ausfluss und Erfüllung der Nächstenliebe, ist ihre Konkretisierung. Diese Lebensweise umschreibe ich mit diesem einen Begriff: Einfachheit.

Einfachheit als Lebensweise

„Armut bringt uns in eine vollkommene Berührung mit dem Leben und der Welt. Denn jene, die reich leben, leben meist aus zweiter Hand und leben dadurch in einer Welt verminderter Wirklichkeit. Das mag gut für den eigenen Stolz und das Vergnügen sein, doch nicht gut für die Erziehung. Reichtum ist der goldene Käfig, in dem die Kinder der Reichen zur künstlichen Abtötung ihrer Kräfte erzogen werden. Darum musste ich – sehr zum Widerwillen der Menschen mit teuren Gewohnheiten – für diesen wichtigen Lehrer sorgen: die Kargheit der Möbel und anderer Materie. Nicht wegen der Armut, sondern weil wir dadurch die Welt persönlich kennenlernen."[5]

Das schrieb der indische Dichter Rabindranath Tagore, der in dörflicher Atmosphäre eine alternative Schule für Stadtkinder gegründet hatte. Früher schon hatte ich erwähnt, dass die freiwillige Armut so verschieden ist von der unfreiwilligen Armut der Armen, dass ich beides nicht mit demselben Wort bezeichnen will. Darum vertauschen wir in diesem Zitat das Wort „Armut" mit dem Wort „Einfachheit", „Bedürfnislosigkeit" und „Genügsamkeit". Dann weist es in die Richtung, in die wir gehen möchten:

---

5 Rabindranath Tagore: "My School". In: Tagore: *Personality*, Madras 1979, 121 f. (Übersetzung vom Verfasser).

Einfachheit soll die Lebensweise sein, in der ich mich (erstens) den Armen am nächsten fühle und ihnen gegenüber am ehesten gerecht sein kann. Gleichzeitig aber möchte ich (zweitens) mir dadurch selbst näherkommen, das heißt wesentlicher leben als zuvor. Beginnen wir mit dem zweiten Thema, unserem eigenen Einfachwerden.

Durch Einfachheit uns selbst näherkommen: die Außenansicht

Wenn Einfachheit doch „einfach" wäre! Komplexität und Duplizität bestimmen aber unser gesellschaftliches Leben. „Multitasking" gilt als Talent und Notwendigkeit, um Erfolg zu erzielen. So wird die Rückkehr zur Einfachheit zu einer Form der Askese. Das heißt, Einfachheit verlangt, dass wir etwas ablehnen, obwohl wir es annehmen könnten, obwohl es uns womöglich guttäte, es anzunehmen. Diese Ablehnung eines *bonum* verlangt ein starkes Vertrauen in die Richtigkeit unseres Tuns. Wer verzichtet gern auf ein *bonum*? Unweigerlich stellt sich ein Bedauern ein, als habe man etwas verpasst.

Einfachheit können wir jedoch nur erfahren, wenn wir die Unterscheidungsgabe entwickeln, zu verstehen, was uns einfacher und wesentlicher macht und was nicht. Und wenn wir danach konsequent gemäß dieser Entscheidungen leben und handeln. Uns wird bewusst sein, dass das Vielfältige und Zerstreuende, die vermeintlichen Ansprüche der sinnenhaften und intellektuellen Sphäre unseren Blick auf das Wesentliche immer zu behindern suchen. Das Vielfältige ist vordergründiger und uns näher. Das Einfache verbirgt sich dahinter. Die Erfahrung lehrt uns aber auch, dass wir bei unserer Hingabe an das Vielfache und Zerstreuende eine Identitätsminderung spüren, in extremen Fällen des Chaotischen und Rauschhaften sogar einen Identitätsverlust. Wir sind nicht mehr „bei uns", wir „verlieren" uns.

Das Einfache dagegen zielt immer auf das menschlich Wesentliche, auf die Werte des personenhaften Menschseins.

Das Einfache kann die Komplexität unserer Welt nicht wegwünschen, stattdessen bemüht es sich, sie aufzubrechen, zu enträtseln, zu entschleiern, ja zu entdämonisieren, indem sie darin das Wesentliche vom Unwesentlichen trennt. Ohne diese Unterscheidung führt die Einfachheit zur Einseitigkeit und Enge, zur Borniertheit.

Einfachheit ist allerdings nur jenen Menschen möglich, die keinen akuten Mangel leiden, das heißt, deren Grundbedürfnisse erfüllt sind. Menschen brauchen gesunde Nahrung, Kleidung, eine Unterkunft, eine gerechte Arbeit, eine natürliche Gemeinschaft mit anderen Menschen, Gesundheit und den Zugang zu den intellektuellen Gütern. Arme Menschen, die ihre Situation noch nicht überwunden haben, werden keine einfachen Menschen sein können. Mein Verständnis von Einfachheit setzt stets eine bewusste, in Freiheit getroffene Entscheidung zur Einfachheit voraus. Die Armen mögen zwar materiell „einfach" leben, sind aber durch Mangel zu diesem Zustand gezwungen. Sie unterstützen ihre materielle „Einfachheit" nicht durch eine adäquate geistige Haltung.

Was heißt „das Wesentliche" vom „Unwesentlichen" unterscheiden? Sind das nicht anspruchsvolle, allzu abstrakte Kategorien? Müssten nicht, um sie zu verstehen, noch viele grundsätzliche Fragen geklärt werden? Für unsere Zwecke in diesem Buch genüge die folgende Definition: Wir beginnen damit, uns zu fragen: *Was brauchen wir wirklich?* Wie viel brauchen wir an Nahrung, Kleidung, an Unterkunft, an Arbeit, an Gemeinschaft mit Menschen, an Gesundheit, intellektuellem Wissen und kulturellen Gütern?

Diese Frage kann nicht kategorisch beantwortet werden. Jeder soll das gültige Maß für sich herausfinden und festlegen. Vergleiche mit den Verhältnissen von armen Menschen sind nicht nützlich. Denn das Maß, das die meisten Europäer gerechterweise für sich beanspruchen, wird das normale Maß der Armen übersteigen. Die gestellte Frage begreift nämlich auch ein: Was brauchen wir für *unsere Zufriedenheit*?

Einfachheit soll nicht das Leben der Menschen reduzieren und gefangen nehmen, sondern es im Gegenteil befreien, für die Fülle des Wesentlichen öffnen. Darum ist unsere persönliche Zufriedenheit ein Faktor bei der Festlegung des rechten Maßes. Zufriedenheit erreichen wir allerdings nicht mit Habgier und dem Verlangen nach Luxus, sozialem Prestige und Bequemlichkeit – sondern gerade indem wir uns davon befreien.

Wie das Zitat von Rabindranath Tagore andeutet, geht es darum, durch Vereinfachung die Dinge um uns in ihrer eigentlichen Qualität zu spüren. Zum Beispiel können wir in einem großen Haus mit zahlreichen Zimmern nicht in eine *unmittelbare Beziehung* zu den Möbeln, den Bildern an der Wand, den Tüchern und Teppichen und anderen Gegenständen treten. Es übersteigt unsere mentalen und emotionalen Fähigkeiten. Wir können nicht mit einhundert Freunden in einem ständigen und persönlichen Austausch stehen; können nicht jeden Tag mit Verstand und Genuss ein neues Buch lesen oder eine Oper anschauen oder ein Museum besuchen und von jedem innerlich angesprochen werden; wir können nicht in einer Woche drei Städte bereisen und von jeder einen persönlich gültigen Eindruck gewinnen. Es übersteigt unsere mentalen und emotionalen Fähigkeiten.

Ebenso verhält es sich in jedem Lebensbereich. Das Ideal der Einfachheit wäre dann erreicht, wenn wir nur so viel in uns und um uns erlaubten, dass wir mit jedem Menschen und jedem Ding und jeder Situation eine unmittelbare Beziehung aufbauen können und dadurch das Wesen der *Menschen, der Dinge und der Situationen* spüren. Dieser Satz ist im Konjunktiv formuliert, weil mir leidlich bewusst ist, wie realitätsfern dieses Ideal innerhalb unseres modernen Lebens ist. Dennoch bleibt wahr: diese Möglichkeit, die unmittelbaren Beziehungen zu pflegen, schafft Zufriedenheit – nicht jedoch das Zuviel oder das Zuwenig der Menschen, Dinge und Situationen um uns.

Neben Menschen, Dingen und Situationen gilt es vor allem, mit der *lebenden Natur* eine unmittelbare Beziehung zu entdecken. In einer einfachen Lebensweise ist uns das Natürliche stets näher als das Fabrizierte. Denn die Natur ist an sich „einfach", insofern sie die Beziehung zum Lebenden, zum Ursprung unseres Seins darstellt. Eine Blume oder ein Baum haben in ihrer Existenz oft eine stärkere Potenz, Zufriedenheit und Freude zu spenden, als die Worte und Gesten der Menschen und die Bequemlichkeit durch die Dingwelt.

Die Natur hat eine Kraft, die wir in Europa kaum ausschöpfen, weil wir diese Kraft im Grunde fürchten und ständig begrenzen und domestizieren wollen. Aber selbst die von Menschenhand gepflanzte einzelne Rose in unserem Garten hat eine Kraft, die unmittelbar vom Ursprung unser aller Leben stammt. Wohl können nur einfache Menschen sie empfinden.

Ist es Zufall, dass die Mönche und Nonnen der Weltreligionen, die das Gelübde der Armut abgelegt haben, sich den „Luxus" von *Gärten* leisten? Von Gautama Buddha ist bekannt, dass er seine Niederlassungen in Parks außerhalb der Städte anlegte, um dort die Menschen zu empfangen und zu belehren. Der heilige Franz von Assisi ließ es ausdrücklich zu, dass seine Brüder um ihre Klöster einen Garten anlegten. Auch die Ashrams und Einsiedeleien der Hindu-Mönche hatten immer einen Garten, allein schon um die Blumen zu ziehen, die für die rituellen Blumenopfer in ihren Tempeln gebraucht werden.

Das sehr einfache Glück, eine Blume aus der Erde wachsen, sich entfalten, blühen und danach welken zu sehen, erlaubt uns einen Austausch mit den Schöpfungskräften der Natur und mit der Schöpferkraft Gottes. Das einfache Leben strebt diesen Beziehungsreichtum mit der Natur und der gesamten Schöpfung an – und das einfache Leben macht die Erfahrung dieses Beziehungsreichtums erst möglich. In der Fülle des einfachen Lebens erfahren wir einen lebendigen, reichen *Beziehungskosmos*, in dem wir mit den Mitmenschen, den Dingen und Situationen, der Natur mitsamt ihren Rhythmen von Tag und Nacht, den Jahreszeiten mit ihrer Kälte und Wärme, dem Regen und den Stürmen in einem ständigen Austausch begriffen sind.

Durch diesen Beziehungskosmos empfangen die Menschen eine *Sinnerfahrung*, die wir weder durch Literatur noch Kunst, vielleicht in derselben Intensität nicht einmal durch Liturgie und Sakramente empfangen können. Sinnerfahrung ist möglich, wenn wir die unmittelbaren Beziehungen zu dem Einfachen, Naturhaften und Geschöpflichen unserer Umgebung pflegen – mit Intensität und Hingabe. Sinn ist möglich, wenn wir durch diese Intensität erfahren, dass die einzelnen, einfach erfassten Dinge um uns voll Bedeutung, voll von „Persönlichkeit" und „Charakter" sind. Da wächst nicht nur eine Blume; sondern diese gelbrote Rose besitzt Individualität, sie bedeutet etwas – als Einzelrose weist sie über sich hinaus. Sie wird sogar zu einem Symbol für etwas Transzendentes.

Wir erleben die Fülle des einfachen Lebens, wenn wir in diesem Beziehungs- und Symbolkosmos einbegriffen sind und uns als eines seiner Elemente empfinden, das mitwirkt und empfängt und an dem Austausch der Beziehungen und Symbole teilnimmt. Wir erleben, was wir in unseren Familien und unserer Gesellschaft kaum noch kennen, nämlich eine natürliche Hierarchie geistiger Werte. Wo Transzendenz ist, besteht „Hierarchie" im ursprünglichen Sinn als „heilige Ursprungsordnung".

Doch scheidet Hierarchie nicht oberflächlich Immanenz von Transzendenz, sondern sie entdeckt Transzendenz, verdeckt, vermischt, innerhalb der Immanenz. Es gibt ein ständiges Spiel zwischen Oben und Unten, Innen und Außen. Man erinnert sich an die Himmelsleitern der Bibel, die symbolischen Verklausulierungen der jüdischen Mystik, an die fortwährend neuen Ansätze eines Meister Eckhart, Worte für das erlebte Mysterium zu finden.

Einige Beispiele

Jeder muss für sich entdecken, welche Art des einfachen Lebens angemessen ist. Deutlich ist geworden, dass das einfache Leben zunächst eine *Reduktion der materiellen Mittel* zur Bewältigung unseres Alltags bedeutet. Menschen, die mit dem Auto zur Arbeit fahren, versuchen, die Strecke mit dem Fahrrad oder zu Fuß zurückzulegen; die zwei Wintermäntel im Schrank haben, geben einen weg; die zehn Pullover besitzen, verzichten auf fünf; die bei laufendem Wasser die Zähne putzen, schalten den Wasserhahn beim Bürsten ab; die gewohnt sind, drei Glühbirnen im Zimmer anzuschalten, reduzieren den Lichtverbrauch auf zwei oder kaufen Sparlampen. Die den Computer im Büro oder zu Hause nachts angeschaltet lassen, schalten ihn in Zukunft ab; die auf den Fernsehapparat verzichten, verschenken ihn; die bereit sind, ihr Handy zeitweise auszuschalten, verzichten auf ununterbrochene Erreichbarkeit; die in einer Stadt leben, in der das Leitungswasser gesund ist, brauchen kein Mineralwasser und keinen Saft zu trinken; die innerhalb von Mitteleuropa mit dem Zug fahren können, sollten auf das Auto und vor allem auf das Flugzeug verzichten; die sich auf vegetarische Nahrung, auf wenig Fett und Zucker, wenig Kaffee und Alkohol einstellen können, sollen konsequent darauf verzichten; die ihre Wohnung mit anderen Menschen, seien sie Mieter oder Verwandte und Freunde, teilen können, sollen es tun.

Menschen, die ihr Auto in der Garage lassen oder verkaufen, ihre Feste schlichter gestalten und Reisen wohlüberlegt reduzieren, die mutig genug sind, nicht zu sammeln und zu horten, solange es nicht unentbehrlich ist, die ihren Launen nicht folgen und ihrem Bedürfnis nach Sicherheit nicht bis zum Ausschluss jeden denkbaren Risikos befriedigen – die dies alles versuchen und innerlich durchsetzen, werden das Stück an Freiheit, das ihre Entscheidungen schenken, bald spüren und es auskosten.

Einfachheit macht erfinderisch, macht kreativ und lässt uns geistige Gesetze entdecken, die wir bisher nicht kannten. Anstatt uns auf materielle, insbesondere technische Hilfsmittel zu verlassen, benutzen wir unseren Verstand, unsere Intuition und geben dem Zufall eine Chance. Wir überlegen, ob uns die Natur Hilfsmittel anbietet, bevor wir im Geschäft etwas Mechanisches oder Chemisches kaufen. Alles, was die Einfachheit stärkt, fördert auch unsere körperliche und geistige Gesundheit, weil sie uns Bewegung verschafft, unserem Leben eine natürliche Ordnung schenkt und einen menschlichen (anstatt künstlichen oder von der Technik aufgedrängten) Rhythmus sucht.[6]

So gibt es tausend Möglichkeiten, die materielle Basis des Lebens bewusst zu reduzieren. Dies zu tun, verlangt einen aufmerksamen Blick auf unsere alltäglichen Handlungen. Wo werden Energie und Material unnötig verbraucht? Es kommt nicht darauf an, wer für Energie oder Material bezahlt, oder darauf, dass man „es sich leisten kann". Der Blick geht darauf, ob es von der Summe des Vorhandenen etwas gibt, das wir nicht brauchen. Was nicht notwendig ist, sollten wir nicht beanspruchen. Das gehört uns nicht!

Diese Maxime wollen wir nicht materialistisch und als Kalkül verstehen, sondern als ein *geistiges Gesetz*. Gewiss

---

6 Zu diesem Kapitel gibt es in meinem Buch *Einfach tun. 44 Schritte zur Lebenskunst* (Reinbek bei Hamburg 2009) zahlreiche Beispiele und Hinweise.

müssen wir die Ressourcen der Erde schonen und von ihnen nur so viel beanspruchen, wie wir brauchen. Dies geschieht im Sinne eines wirksamen Schutzes der Umwelt und des Klimas, für den wir uns aus humanitärer und christlicher Überzeugung verpflichten.

Hier ist aber noch mehr gemeint: Das geistige Gesetz der Einfachheit will, dass wir für das Ganze, von dem wir ein Teil sind, Verantwortung annehmen. Als Mitgeschöpfe tragen wir Verantwortung für das Wohlsein der ganzen Schöpfung. Da im geistigen Sinne alles von allem abhängt, jede Bewegung eines Elements alle anderen Elemente beeinflusst, sind wir dazu verpflichtet, schon aus eigenem Interesse, bei jeder Handlung abzuwägen, ob sie der Schöpfung wohltut. Wenn wir dieses Gesetz verinnerlicht haben und ihm mit Überzeugung folgen, spüren wir, dass es uns auch als einzelnen Personen guttut. Wir spüren, dass wir nicht nur Verantwortung für das Ganze tragen, sondern auch vom Ganzen getragen werden. Damit sind wir beim nächsten Thema angekommen.

Einfachheit: Innenansicht

Die einfache Lebensweise richtet ihren Blick nicht nur auf die Menschen, die Dinge, die Alltagssituationen und auf die Natur. Sie wendet ihren Blick auch nach innen. Es gibt die Einfachheit der Gedanken, die Einfachheit der Gefühle, die Einfachheit des Willens. Wenn die Bemühung um äußere Einfachheit ernsthaft ist, stößt sie einen Prozess an, der zur inneren Einfachheit führt. Damit meine ich, was die Evangelien als „geistliche Armut", preisen. Die „geistlich Armen" (oder Einfachen) hegen keine Vorurteile, verurteilen niemanden, argwöhnen nicht, verleumden und erniedrigen niemanden und sind zum Zynismus unfähig; stattdessen nehmen sie von allen zunächst das Beste an. Trotzdem sind sie keine realitätsfremden Toren.

Das ist der natürliche Weg. Die äußere Vereinfachung stellt uns vor Situationen, die wir innerlich verarbeiten, sie wirft Fragen auf, deren Antworten wir finden müssen. Sie verlangt nach Entscheidungen, nach Konsequenzen auf der geistigen Ebene. Die wesentliche Frage lautet: Was sind unsere *geistigen und emotionalen Grundbedürfnisse*? Wie viel an Lebensvereinfachung ist uns zuträglich, und was schwächt uns? Die einfache Lebensweise kennt Unbequemlichkeiten, Einsamkeit, das Unverständnis der Umwelt, die Leistungsminderung in verschiedenen Bereichen, den Verlust an Flexibilität. Können wir dies alles hinnehmen, ohne unsere Zufriedenheit zu verlieren? Wo liegt unsere persönliche Grenze der Vereinfachung?

Der beschwerlichere Weg ist, an der Vereinfachung mit Hilfe von geistiger Disziplin zu arbeiten: durch *Meditation*, Zeiten der Stille, durch Fasten, gesammelte Lektüre, durch religiöse Übungen und Feiern. Sie wirken von innen auf die äußere Haltung ein und verwandeln allmählich unsere Handlungen unter den Menschen und unsere Beziehungen zu den Dingen und der Natur.

Meditation wirkt *immer* vereinfachend. Meditation klärt immer darüber auf, was wir wirklich brauchen. Sie scheidet das Wichtige vom Unwichtigen, denn wir merken, dass Vieles, was uns bisher anzog, seine Sogkraft verliert; es fällt von uns ab, wie Blätter, die einst grün und kräftig am Baum wuchsen, im Herbst aber welk zur Erde fallen.

Meditation ist eine so hervorragende Lehrerin, sie gibt *immer* eine Antwort auf unsere Fragen: „Was soll ich tun?“ und „Was brauche ich?“

Meditation ist die Sammlung der äußeren und inneren Sinne auf *einen* Gegenstand (Bild, Kerze, Blume, Kreuz), den wir so intensiv in uns aufnehmen, dass er auch mit geschlossenen Augen, also mit abgezogenen äußeren Sinnen, gegenwärtig bleibt. Eine Meditation weckt in den Geübten *immer* einen Zustand der Ruhe. Selbst wenn sie ihre Meditation als unruhig oder zerstreut empfunden haben, stellt sich die gesammelte Ruhe nach der Meditation ein.

Ideal sind einander ergänzende Bewegungen von außen nach innen und von innen nach außen. Die Bemühung um eine Vereinfachung des Alltags soll unterstützt werden durch eine Vereinfachung im geistigen Bereich. Der Entschluss etwa, mit dem Fahrrad zum Büro zu fahren (anstatt mit dem Auto), kann ergänzt werden durch zwanzig Minuten Meditation vor dem Frühstück. Beides hat viel miteinander zu tun.

Die Gaben des einfachen Lebens

Durch Einfachheit können wir einige große Themen eines erfüllten Lebens wiedergewinnen. Ich meine: Einsamkeit und Gemeinschaft, Liturgie und Ruhe, Lektüre und Muße sowie Gespräch, Nächstenliebe und Naturliebe.

Was uns ein einfaches Leben insbesondere geben kann, ist mehr Freiheit, weil so viele Dinge, die unser Alltagsleben angefüllt haben, entfallen. Wir können uns äußerlich mehr als zuvor bewegen, und innerlich entstehen Freiräume, von denen wir bisher nicht ahnten, dass sie möglich sind. Seit unserer Kindheit und Jugend haben wir diese Bewegungsfreiheit nicht mehr erfahren. Mit dem Zuwachs an Spontaneität, der so entsteht, können wir uns diesen Themen wieder zuwenden.

Jetzt können wir *Einsamkeit und Gemeinschaft* pflegen. Nur wer die Einsamkeit nicht als beängstigend empfindet und abwehrt, sondern als ebenso notwendig und heilsam wie den Schlaf (der uns auch einsam macht), der kann die Gemeinschaft als ebenso notwendig und heilsam willkommen heißen. Beides brauchen wir, beides wollen wir annehmen. Doch wird das eine bedeutsam nur, wenn wir das andere ebenso wollen.

Um uns an den prächtigen *Liturgien* der katholischen und orthodoxen Kirchen zu erfreuen, ist unser Leben bisher zu kurzatmig gewesen; wir „hatten zu tun", wir langweilten uns. Jetzt lassen wir uns auf sie bewusst ein, weil unser Lebensrhythmus langsamer geworden ist und diese Feiern ebenjenen breit ausschwingenden Rhythmus atmen, den wir uns wünschen. Jede Liturgie gewinnt durch ihre Wiederholungen und ihre *Ruhe*; das hebt sie aus dem Alltag heraus, der Wiederholungen wie Ruhe scheut. Wiederholung fassen wir als Zeitvergeudung auf. Liturgien können uns davon überzeugen, dass Wiederholung keine Entleerung der Zeit ist, sondern eine Intensivierung des Gefühls bedeutet (bis hin zum Rausch).

Das einfache Leben soll Abstand von den Dingen und Situationen des Alltags gewährleisten, damit wir unser nüchternes Urteilsvermögen behalten. *Lektüre* und Muße sollten ihren Ort im Leben jedes Menschen haben, weil sie uns vom Alltag abrücken und wir aus der inneren Entfernung eine objektivere Perspektive auf den Alltag gewinnen. Wer liest, lebt zweimal – im eigenen Leben und in der Handlung des Buches. Es führt uns in Lebensbereiche hinein, die wir selbst nie betreten könnten. Aus diesen neuen Erfahrungen heraus verstehen wir unser eigenes Leben neu und begreifen besser, wo seine Herausforderungen liegen. Lektüre ist nicht nur Entspannung, weil man sich in andere Lebenswelten begibt, sondern immer auch ein Messen an unserer eigenen. *Muße* spielt sich außerhalb von zielgerichteten Tätigkeiten ab. Muße ist Sammeln der intuitiven Kräfte durch zweckfreie, unangestrengte Beschäftigung, etwa durch Spiel oder Wandern, Kunstbetrachtung oder Musikhören.

Zu den Gaben des einfachen Lebens gehört es, *Gespräche* zu führen. Nicht die Gespräche am Stammtisch, bei Geburtstagsfeiern, unter Verwandten zu Weihnachten, am Gemüsestand auf dem Markt oder im Zug – nicht solche Gespräche sind gemeint. Sondern Gespräche unter zwei, höchstens drei Menschen, die einander begegnen wollen. Menschen, die sich einen Abend zusammensetzen, nicht im Restaurant mit Hintergrundmusik und zahlreichen Gästen, sondern an einem ruhigen Ort, der Sammlung erlaubt. Eines ist Bedingung, nämlich dass jeder der zwei oder drei bereit ist zuzuhören.

Vermutlich ist ein wesentliches Indiz für die Unausgeglichenheit und die Zwänge des komplexen Alltagslebens die Unfähigkeit zuzuhören, Neues aufzunehmen. Die einfache Lebensweise kann uns diese Fähigkeit zurückgeben. Abstand von sich selbst nehmen und sich dann auf die andere Person einstellen, sich in sie hineinversetzen, wenn sie spricht, ohne sich sofort wieder einzubringen. Das ist eine Kunst, die nur Übung lehrt.

Mit dem Thema *Nächstenliebe und Naturliebe* knüpfe ich wieder an unser Thema der Armut an. Die Nächstenliebe richtet sich, wie gesagt, an den jeweils Nächsten, wer dieser Mensch auch sei. Unsere spontane Hilfsbereitschaft im gesellschaftlichen Alltag ist gut entwickelt. Wir sind dazu erzogen worden, alten Menschen auf der Straße zu helfen oder für den Nachbarn einkaufen zu gehen. Wir scheuen jedoch Verpflichtungen, die uns über Monate oder Jahre binden. Ungern nehmen wir Verantwortung für andere Menschen außerhalb der engsten Familie an. Ungern gehen wir auf „Andere" zu, die ein Leben führen, das unserem nicht gleicht: auf Ausländer und Behinderte, Kranke und Süchtige. Wir scheuen die mentale und emotionale Anstrengung, uns in deren Leben hineinzuversetzen, um zu verstehen, ob und in welcher Weise sie uns brauchen.

Die einfache Lebensweise soll in uns jene Freiräume schaffen, mit denen es möglich wird, diese Barrieren abzubauen; innere Freiräume, die uns erlauben zu vergegenwärtigen, dass die Nächsten auch außerhalb unseres alltäglichen Lebensbereiches wohnen und das Gebot der Nächstenliebe für solche Menschen gleichermaßen gilt.

Die Naturliebe ist Erweiterung der Nächstenliebe auf die belebte und unbelebte Natur. Schon weil sie uns Heimat, Nahrung und Erholung und die notwendigen Lebensbedingungen gibt, ist die Natur wert, geliebt und erhalten zu werden. Natur ist nicht nur die Blume in unserem Zimmer, die Geranie auf dem Balkon oder der Baum im Vorgarten und im Stadtpark, sondern Natur sind auch die bedrohten Urwälder, die hohen Berge, auf denen das Eis schmilzt, und die Wüsten, die sich bedenklich ausbreiten.

Durch die einfache Lebensweise lernen wir, bewusster mit der Natur umzugehen. Einerseits verlassen wir uns mehr auf die Güte der Natur, weil wir jede Künstlichkeit nach Möglichkeit meiden. Wir schätzen die Anmut der Natur, ihre Lebensenergie mehr, weil wir aufmerksamer sind. Uns werden aber auch die Gefährdungen der Natur schärfer bewusst, und wir versuchen, innerhalb unseres Lebens- und Tätigkeitsrahmens, die Natur zu schützen.

Mit diesen Betrachtungen kommen wir zum letzten Reflexionsschritt dieses Buches: Wie kann uns die einfache Lebensweise helfen, zu den Armen, die weit weg von uns, in Indien oder anderswo, leben, eine Brücke zu schlagen?

Den Armen durch Einfachheit gerecht werden

Wie häufig hört man den Einwand: Das Stück Brot, das ich mir vom Mund abspare, wird kein Armer essen können. Der Einwand ist auf so banale Weise berechtigt, dass man ihn nicht auszusprechen braucht. Doch wird er gern benutzt, um gegen eine freiwillige Einschränkung des Lebens in den wohlhabenden Ländern zu polemisieren. Die Schlussfolgerung dieser Menschen ist, dass wir – als Einzelne – nicht mehr gegen die Armut in den armen Ländern tun können, als eine gelegentliche Spende für eine Entwicklungshilfe-Organisation oder die Mission zu überweisen. Das ist eine Anschauungsweise, die ebenso eng wie bequem ist. Leider teilen die meisten Menschen sie und weiten ihr mitdenkendes und mitempfindendes Bewusstsein nicht über ihren unmittelbaren Lebensbereich aus.

Erinnern wir uns daran, dass sich die politisch-wirtschaftliche Großwetterlage gegen die armen Länder auswirkt, die auf dem Weltmarkt keine gerechten Preise für ihre Bodenschätze und ihre Produkte erzielen und hohe Einfuhrzölle bezahlen. Insgesamt stehen sie unter dem Diktat der reichen Nationen. Wäre der Markt gerechter gegenüber den armen Ländern, hätte ihre Entwicklung rascher vorangehen können. Eine Regierung oder die Staatengemeinde *insgesamt* könnte also durchaus ausschlaggebend helfen, wäre nur politisch durchsetzbar, was die Gerechtigkeit fordert.

Aber es stimmt, der Einzelne, der versucht, „gerecht" zu leben, kann dadurch nicht die ganze Welt verbessern. Wer ist gerecht? Noch einmal die Antwort: Wer so lebt, dass – lebten alle Menschen ebenso – eine gerechte Menschengemeinschaft entstünde, in der die materiellen und geistigen Güter jeweils entsprechend dem echten Bedürfnis und der echten Notwendigkeit verteilt sind. Die grundlegende Frage ist: Gibt es genug materielle und geistige Güter für die gesamte Menschheit? Da niemals alle Wohlhabenden ihre Güter teilen werden, ist diese Frage hypothetisch. Wie viele weitere Fragen diese eine Frage außerdem aufwirft, Fragen, die sich nur spekulativ beantworten ließen, wird uns allen nach kurzer Reflexion bewusst.

Mahatma Gandhi besaß den radikalen und geradezu aberwitzigen Mut, diese Idee der gerechten Güterverteilung in Indien verwirklichen zu wollen. Er schuf das Wort *trusteeship*. Damit meinte er, dass alle Menschen nur so viel konsumieren sollen, wie sie tatsächlich notwendig brauchen. Der Rest ihres Besitzes gehöre ihnen nicht eigentlich und sei ihnen nur zur Verwaltung und zur Verteilung an Menschen gegeben, die über weniger verfügen, als es ihren Bedürfnissen entspricht. Die Menschen sind lediglich die „Verwalter“ (*trustees*), nicht die wahren Besitzer, ihres überschüssigen Reichtums. Die über ihre Bedürfnisse leben, „stehlen“ von jenen, die weniger haben als sie. Gandhi schrieb den beeindruckenden Satz: „The world has enough for men's need, but not for men's greed.“ (Die Welt hat genug für die Bedürfnisse der Menschen, nicht jedoch für ihre Gier.)

Diese idealistische Aufforderung an die Reichen hatte nur begrenzte Wirkung. Doch in einem Land wie Indien, wo sehr Arme und sehr Reiche in Sichtweite nebeneinanderleben, ist es unmittelbar und schmerzlich einsichtig, dass ein Teil des Reichtums der Reichen den Armen zugutekommen sollte. Auch in Europa kann uns, aus der Sicht der Evangelien, dieses Lebenskonzept zu denken geben.

Doch selbst wenn sich unser Lebensbeispiel nicht unmittelbar auf die Menschen in der Ferne auswirkt, lohnt es sich – ist es ein christlicher Impuls – zu versuchen, unser Leben, wie beschrieben, gerecht zu gestalten. Es befreit uns nicht nur von der Schuld, auf Kosten anderer Menschen zu leben. Es macht nicht nur spirituell Sinn. Es ermächtigt uns auch auf besondere Weise, in *unserer* Gesellschaft überzeugend die vielfältigen Interessen von weniger Privilegierten und von Benachteiligten zu vertreten. Nichts hat eine suggestiv überzeugendere Wirkung als das eigene gelebte Beispiel! Starke Wirkungen sind von solchen Beispielen ausgegangen: von Mahatma Gandhi, von Martin Luther King, von Nelson Mandela, von Mutter Teresa und von Frère Roger, Taizé. Sie haben Bewegungen ins Leben gerufen, die ihre Gesellschaft und die Welt verwandelt haben.

Solche Menschen geben einen Hinweis darauf, was der einzelne Gerechte, wie viel Großes eine auf sich gestellte Persönlichkeit in der Welt zu erreichen vermag. Wir selbst mögen nur einen winzigen Teil des Einflusses haben, den diese Menschen bewirkten; doch ist es tröstlich und ermutigend zu wissen, dass solche enormen Wirkungen durch Einzelne möglich sind. Unser eigenes Bestreben wird vielleicht mit der Zeit größere, oft vielleicht verdeckte Wirkungen erzielen. Als Christ füge ich hinzu: Solange wir uns als Werkzeug eines Willens empfinden, der unseren übersteigt, liegen die Wirkungen unseres Tuns im Ermessen Gottes. Uns ist nicht aufgegeben, diese Wirkungen selbst zu messen und zu bewerten – weder geringzuschätzen noch zu überschätzen. Als Christ weiß ich auch, dass meine Bemühungen um die Armen dort, wo ich gerade stehe, in der großen geistigen Ökonomie der Menschheit nicht ohne Einfluss bleiben. Denn alles hängt mit allem zusammen.

Die einfache und möglichst gerechte Lebensweise ist für uns Menschen in Europa die spirituell logische und zugleich in der Lebenspraxis schlüssige Möglichkeit, uns auf die Not der Armen einzulassen und mit ihnen eine innere wie äußere Beziehung aufzubauen. Wenn ich mich in Europa aufhalte, ergeht es mir fast täglich, dass ich denke: Aber die Armen! Dann versuche ich, mir zu vergegenwärtigen, welchen Bezug mein gegenwärtiges Handeln zum Leben der Armen hat (oder haben sollte). Diese innere Stimme ist dann manchmal entsetzt, wie stark meine Ansprüche im Kontrast zu der Situation der Armen stehen. Ich fühle mich zur Korrektur genötigt.

Mit dieser Grundhaltung können wir *in unserer unmittelbaren Umgebung für Menschen wirken* und gleichzeitig

Wege finden, den Armen in der Ferne ein Begleiter oder eine Begleiterin zu sein. Wie zu Beginn dieses Kapitels betont, bedeutet die Offenheit für die Nöte der Armen in den Entwicklungsländern eben auch, auf die Nöte der Menschen in der eigenen Umgebung zu achten: auf die Einwanderer und Arbeitslosen, die Alten und die Kranken.

Die Heiligen würden sagen: Lebe gerecht und hilf deinen Nächsten und mach dir keine Sorgen um das Übrige. Denn tun wir das Nötige, werden wir auch die Last, die die Not der Welt unserem Gewissen auflädt, ertragen können. Die fröhlichen und erfüllten Menschen sind am ehesten geeignet, Begleiter der Armen und Notleidenden zu sein. Sich über die Zukunft keine belastenden Gedanken mehr zu machen ist kein leichtes Ziel; man erreicht es als Lohn eines längeren geistigen Prozesses.

Wir wollen vor allem keine bloßen Schreibtischtäter und Strategen sein, die Pläne entwerfen, besprechen, was notwendig wäre, und darüber Reden halten. Gewiss, wir brauchen Visionen und Ziele, doch können wir sie nicht in Konferenzsälen anhand von Statistiken und Fachkenntnissen und in den Büros der Nichtregierungsorganisationen entwickeln. Visionen entfalten sich und Ziele erscheinen als Möglichkeit, wenn wir das begleitende Zusammenleben mit den Armen in Europa und in den fernen Ländern wagen.

Zum Autor

Dr. Dr. Martin Kämpchen, geboren 1948, lebt seit vier Jahrzehnten als Schriftsteller in Indien und setzt sich in zwei Stammesdörfern für eine alternative Entwicklungshilfe ein. Der Übersetzer Rabindranath Tagores berichtet regelmäßig aus Indien, zum Beispiel im Feuilleton der „Frankfurter Allgemeinen Zeitung". Veröffentlichungen zum interreligiösen und interkulturellen Dialog. Seit 1999 Träger des Bundesverdienstkreuzes.
Im Internet: www.martin-kaempchen.com

Die Arbeit, die indische Freunde zusammen mit mir in den Santal-Dörfern Ghosaldanga und Bishnubati leisten, wird von einem indischen Trust und zwei eingetragenen Vereinen getragen. Von Deutschland aus haben diese Aufbauarbeit zwei Jahrzehnte lang Dr. Mandaresh Mitra und seine Frau (Aachen) unterstützt. Inzwischen ist ein deutscher Förderverein gegründet worden, der „Freundeskreis Ghosaldanga und Bishnubati e. V.“, mit Sitz in Frankfurt am Main. Frau Marianne Pal Chowdhury ist die Vorsitzende und besucht mit einer kleinen Delegation von Mitgliedern jedes Frühjahr die Dörfer. Wer Informationen sucht oder Mitglied werden möchte, besuche unsere Website: www.dorfentwicklung-indien.de

Frau Dr. med. Monika Golembiewski (Flein bei Heilbronn), die seit rund 15 Jahren jedes Jahr die Dörfer besucht und dort medizinische Aufbauarbeit leistet, hat eine Kinderklinik in der Nähe von Bolpur gebaut. Deren Dienste kommen vor allem den Santal-Dörfern der Umgebung (einschließlich Ghosaldanga und Bishnubati) zugute. Informationen können abgerufen werden über die Website: www.shiningeyes.de

www.herder.de

Gesamtgestaltung:
Weiß-Freiburg GmbH – Graphik & Buchgestaltung

Herstellung:
fgb · freiburger graphische betriebe
www.fgb.de

Gedruckt auf umweltfreundlichem,
chlorfrei gebleichtem Papier
Printed in Germany

ISBN 978-3-451-32327-0